내가 왕바리새인입니다

내가 왕바리새인입니다

지은이 · 허운석
초판 발행 · 2016. 3. 21
4쇄 발행 · 2016. 5. 9
등록번호 · 제1988-000080호
등록된 곳 · 서울특별시 용산구 서빙고로65길 38
발행처 · 사단법인 두란노서원
영업부 · 2078-3352   FAX 080-749-3705
출판부 · 2078-3331

책 값은 뒤표지에 있습니다.
ISBN 978-89-531-2533-9 03230

편집부에서 독자의 의견을 기다립니다.
tpress@duranno.com   http://www.duranno.com

두란노서원은 바울 사도가 3차 전도 여행 때 에베소에서 성령 받은 제자들을 따로 세워 하나님의 말씀으로 양육하던 장소입니다. 사도행전 19장 8-20절의 정신에 따라 첫째 목회자를 돕는 사역과 평신도를 훈련시키는 사역, 둘째 세계선교(TIM)와 문서선교(단행본 · 잡지) 사역, 셋째 예수문화 및 경배와 찬양 사역, 그리고 가정 · 상담 사역 등을 감당하고 있습니다. 1960년 12월 22일에 창립된 두란노서원은 주님 오실 때까지 이 사역들을 계속할 것입니다.

가식으로 뒤덮인 자아의 폭로

내가
왕바리새인
입니다

허운석 **지음**

두란노

"하나님과 아마존 인디오 형제들을

자기 생명보다 더 사랑하고

불꽃처럼 타올라 끝까지 신실했던 하나님의 종"

_ 허운석 선교사의 묘비명

마지막까지 하나님의 사람이었던
허운석 선교사를 기억하다

2013년 9월 12일, 허운석 선교사는 주님의 품으로 돌아갔습니다. 남편으로서 33년간 함께한 허운석 선교사는 내가 만난 사람 중 최고로 뜨겁고 순전하게 주님을 사랑하는 그리스도인이었습니다. 아내로서, 아이들의 엄마로서, 선교사로서, 마지막 숨을 멈추는 순간까지 사도 바울의 말처럼 '선한 싸움을 싸우고 달려갈 길을 마치고' 한 점 흐트러짐 없이 믿음을 지켰습니다. 23세에 주님을 구주로 영접한 허운석 선교사는 불꽃같이 일어나 주님께 받은 사명, 주의 복음을 전하는 일을 행함에 있어서 자기 생명을 조금도 귀한 것으로 여기지 않았습니다. 특히 아마존 인디오 형제들에게 뜨겁게 헌신했습니다.

허운석 선교사는 평생 십자가의 복음을 전하고, 그 복음을 삶으로 살아 낸 '십자가의 증인'입니다. 암과 투병하고 죽음과 사투를 벌이는 중에도 남겨질 가족과 약하고 고통 받는 성도들을 위하여 최선을 다했고, 사모하는 천국에 속히 가고 싶은 마음이 컸을 텐데도 힘든 항암치료를 받으며 자신을 주님께 의탁했습니다.

매일 마약성 진통제를 수십 알씩 복용해야 했을 정도로 혹독한 통증을 안고 살면서도, 설교 초대를 받으면 주저하지 않고 달려갔습니다. 오히려 전혀 아프지 않은 사람처럼 힘차고 생명력 넘치게 설교를 했습니다. 사람들에게 '자신을 부인하고 십자가를 지는 삶'을 살도록 도전하고 격려하고 책망하며 말씀을 선포하기 위함이었습니다.

이 책에 실린 글은 2011년 말부터 2013년 6월까지, 말기 암 통증이 극에 달했을 때 자기 생명을 소진하면서 쏟아 놓은 설교들입니다. 통증이 그렇게 심했음에도 누구를 만나거나 전화 통화를 할 때는 항상 밝은 목소리로 장시간 이야기를 했으며, 말씀 사역을 하면서도 본인은 늘 "괜찮다"고 하며 고통 중에라도 주님의 손을 들어 드리는 믿음의 여장군이었습니다.

2006년 10월 말, 허운석 선교사는 폐암을 진단받았습니다. 안식년을 맞아 한국에서 3개월을 보낸 후 아마존으로 돌아오기 직전에 건강검진을 했는데, 그때 발견한 것입니다. 브라질에 돌아오기로 되어 있던 날인 11월 6일에 세브란스 병원에서 암 수술을 했습니다. 수술 후 담당의사로부터 5년 동안 아마존에 가지 말라는 간곡한 당부의 말을 들었지만, 허운석 선교사는 다시 아마존으로 돌아왔습니다.

놀랍게도 하나님은 아마존에 부흥을 일으키셨습니다. 2009년 9월부터 저희 '아마존 검은 강 신학교'에서 회개운동과 부흥이 일어난 것입니다. 허운석 선교사는 밤마다 기도회를 주관하였고, 그 부흥의 결과로 선교지 땅이 치유되어 한 번도 열리지 않던 망고와 다른 과일들이 풍성하게 열리는 기적이 일어났습니다.

2010년 초, 허운석 선교사는 말기 암 판정을 받았습니다. 혹독한 통증과 함께 투병이 시작되었으나 아내는 복음 전하기를 계속했습니다. 아마존으로 다시 돌아와 새벽 설교와 강의를 계속했고, 신학생들과 사역자들을 권면하고 조언하며 혼신의 힘을 다하여 형제를 섬기고 사랑했습니다. 그렇게 자신의 것을 인디오 형제들에게 다 쏟아 준 뒤 항암 약을 받으러 한국에 돌아갔으나, 그때는 이미 폐암이 복부로 전이되어 더 심각한 상태에 이른 뒤였습니다.

폐암이 발견되면서부터 허운석 선교사는 선교지에서, 그리고 주변 교회들로부터 멸시와 천대를 받았습니다. 하나님께 헌신한 선교사가 하나님으로부터 선물을 받기는커녕 죽을 병을 받았다며 손가락질을 받았습니다. 덕분에 설교 초대도 받지 못했습니다. 그럼에도 허운석 선교사는 그들 모두를 진심으로 용서하고 사랑했습니다. 그들을 위해 간절히 중보했습니다. 평생을 꿈꾸며 소원하던 주님과 온전한 연합과 일치를 이루어 낸 것입니다. 그리고 마침내 만 60세를 살고 주님께로 돌아갔습니다.

허운석 선교사는 진정한 하나님의 사람입니다. 아내는 세상을 떠나기 전 본인이 주님께로 돌아가면 화장하여 아마존 검은 강 신학교 내에 묻어 주기를 유언하였습니다. 저는 그 유지를 받들어 한국에서, 그리고 아마존에서 이렇게 두 번 장례식을 치렀습니다.

아마존을 장지로 선택함으로써 죽으면서까지 인디오 형제들을 사랑한다는 메시지를 전한 허운석 선교사는 원주민들과 인디오 형제들에게 평생 잊을 수 없는 사랑의 사람이 되었습니다. 그들의 오열 속에서 허운석 선교사의 유골은 신학교 내에 안장되었습니다.

허운석 선교사의 아마존 장례식을 촬영하기 위해 한국의 CGN TV 직원들이 이곳에까지 와서 각계 인사들과 주민들을 인터뷰 했습니다. 그 인터뷰에서 사람들은 허운석 선교사의 삶을 이렇게 증언했습니다.

"박해와 멸시와 천대를 한 몸에 받으면서도 용서하고 사랑하고 중보한 바다 같은 성품의 소유자."

"죽음과 투쟁하면서도 자기 생명을 조금도 귀한 것으로 여기지 않고 사명을 완수한 그리스도의 제자."

"자신의 것을 다 쏟아서 모든 것을 나눠 준 진정한 그리스도인."

"평생 십자가의 복음을 전하고, 십자가의 삶을 살아 낸 십자가의 일꾼."

"누구보다 일찍 일어나서 새벽을 깨운, 기도의 본을 보인 기도의 용사."

"내가 이렇게 살면 안 되겠다고 회개에 이르게 한 하나님의 사람."

"썽가브리에우 다 까쇼에이라의 신자든 불신자든 모든 이의 가슴에 사랑의 화신으로 온 선교사."

"이 땅에 살고 있는 우리와는 도저히 비교할 수 없는, 너무나 큰 차이를 보이며 살았던 한 사람."

"진실로 인디오 형제들을 깊이 사랑했던, 두려우면서도 자애로웠던 영적인 어머니."

"기독교를 반대하던 사람들의 마음을 열어 옥토로 변하게 하고 아마존 선교의 문을 연 하나님의 전사."

"인디오 형제들은 물론 권위자들까지 사랑한 귀한 분."

"끝까지 인디오 형제들을 사랑하여 자신의 유골을 이곳에 묻어 달라는 유언을 남긴, 죽음으로 더 큰 사랑을 보여 준 사랑의 증인."

허운석 선교사는 비록 이 땅을 떠났지만, 그의 하나님과 이웃을 향한 사랑은 주님께서 다시 오실 때까지 길이 남겨질 것입니다. 이곳 아마존의 썽가브리에우 다 까쇼에이라(Sao Gabriel da Cachoeira) 시청은 허운석 선교사가 이 도시의 발전을 위하여 헌신한 것을 인정하고 기념하여 2014년 7월 23일 시의회의 만장일치로 이곳 도시의 큰 도로인 다바루 길(Estrada de Dabaru)을 허운석 선교사의 브라질 이름인 '후치 선교사의 길'(Ave Missionaria Rute)로 명명하였습니다. 정말 감사한 일입니다.

21세기 핍박이 없는 나라에서도 십자가의 길을 따라 살면 이렇게 주님과 연합하는 자리에 이르러 풍성한 삶을 살 수 있다고 믿습니다. 이 시대 크리스천들이 이 비밀을 안다면 기꺼이 십자가의 길을 따라 주님과 연합에 이르는 삶을 살아가리라 믿습니다.

암과 사투하며 허운석 선교사가 남겨 놓고 간 순전한 복음의 설교들이 현재 한국교회의 영성에 새로운 획을 긋기를 바라며 이 책을 읽는 분들을 위하여 중보합니다.

2016년 3월
아마존 검은 강 신학교에서
김철기 선교사

저의 목회 41년 동안 가장 보람 있고 기쁘게 여기는 것은 신촌교회 창립 35주년을 기념하여 1991년에 김철기, 허운석 선교사님 내외를 브라질 아마존에 파송하는 데 미력하나마 일조했다는 사실입니다. 이 두 분은 평생토록 나의 자랑이요 나의 면류관이라고 여기고 있습니다.

김철기, 허운석 선교사님이 아마존에서 피눈물을 흘리며 일군 선교 활동과 그로 인해 맺어진 열매는 한국 선교사에 금자탑과도 같습니다. 아마존의 악조건 속에서도 오직 선교에만 전념한 결실입니다.

그러나 안타깝게도 허운석 선교사님은 폐암 진단을 받아 투병하다가 2013년 하나님의 부르심을 받았습니다. 단순한 병사가 아니라 순교와도 같은 죽음이었습니다. 그분은 가셨으나 그가 죽는 그 순간까지 외쳤던 메시지가 책으로 엮어져 빛을 보게 되어서 참 다행입니다.

사실 허운석 선교사님은 사역과 삶 그 자체가 설교였습니다. 그의 부군 김철기 선교사님의 업적은 아내 허운석 선교사님이 버팀목이 되어 준 덕분인데, 이제는 두 몫을 하느라 무척 노고가 많습니다.

이 책을 읽은 독자는 허운석 선교사님을 존경하게 될 것입니다. 또한 선교의 비전과 도전을 받게 될 것을 확신하면서 이 책을 기꺼이 추천합니다.

오창학 신촌교회 원로목사

일전에 허운석 선교사의 설교를 듣고 전율을 느낀 적이 있다.

"하나님은 우리에게 십자가를 주시고, 십자가는 우리를 하나님께로 인도한다!"

그의 메시지는 너무나 강렬하고 정제되지 않은 생생한 날 것이기에, 격식 있는 언어와 평안한 일상에 길들여진 회중들에게는 불편하게 들릴수 있다. 그의 언어는 고요한 서재에서 만들어진 고상한 문장과 사변(思辨)이 아니라, 자기를 부인하고 그리스도를 따라가는 고통스러운 십자가의 도상에서 하나님의 은혜와 연단 가운데 생성된 성찰과 체험을 증언하는 것이다. 그래서 그의 부르짖음은 십자가의 도를 미련하게 여기며 자기애와 거짓된 신앙의 언어와 행위에 도취되어 하나님 나라가 아니라 자신의 영광과 세상의 자랑을 위해 살아가는 이 시대 크리스천의 교만과 거짓됨을 폭로한다. 그럼으로써 그리스도를 따르는 진실한 제자도의 삶으로 우리를 인도한다.

그의 생생하고 살아 있는 신앙의 언어들은 지성적, 학문적 신학이 아니라 관계적, 경험적, 신비적 신학이라 할 수 있다. 지식과

논리로 이해를 추구하는 카타파틱(cataphatic)의 방법, 곧 '긍정의 신학'이 아닌, 온몸과 삶으로 체득하며 하나님과 깊은 내면적 관계를 깨우치는 아포파틱(apophatic)의 방법, 곧 '부정의 신학'이다. 고대로부터 현대에 이르기까지 제도화되고 생기를 잃어버린 교회를 치유하고 새롭게 하는 부흥과 개혁은 언제나 후자로부터 영감을 받았다. 그래서 신앙과 교회의 위기를 겪고 있는 이 시대를 살리는 신학은 머리와 말의 신학이 아니라 몸과 삶의 신학이 되어야 하고, 그의 외침은 교회의 위기를 냉철하게 진단하고 교회를 살리는 신학적 처방으로도 전혀 손색이 없다.

그의 메시지는 전형적인 십자가의 신학, 고난의 신학, 역설의 신학이다. 그의 소망은 하나님 나라의 성육신이신 예수 그리스도를 온몸으로 구현하여, 자기의 몸을 하나님이 기뻐하시는 거룩한 산 제물로 드리는 십자가의 삶이었다. 그는 말기 암으로 시한부의 삶을 살아가던 자신을 메마르고 앙상한 '겨울나무'에 비유하며 '봄의 부활을 기다리는 겨울나무'의 기쁨과 아름다움을 노래했다. '영혼의 겨울'이 되어서야 숨겨진 자신의 우상을 발견하고 하나님의 깊은 경륜을 뼈저리게 느껴 하나님만을 간절히 의지하면서, 아담의 죄와 죽음을 끊고 그리스도의 부활의 생명으로 들어갈 수 있기 때문이라 믿었기 때문이다. 그는 죽는 날까지 죽음의 고통을 두려워하지 않고 오히려 그리스도의 고난에 동참하는 것을 기뻐하고, 자신의 몸이 하나님 나라를 위한 번제로 드려지기를 소망하며 살았다.

자기를 부인한 채 십자가를 지고 그리스도를 따르는 제자도의 삶이 실종된 우리 시대의 교회에 허운석 선교사의 신앙고백은 큰 은혜와 도전을 주고 있다. "누군가의 고난이 다른 이에게는 예수 그리스도의 살과 피가 된다"는 그의 증언처럼, 그에게 고난을 허락하신 하나님의 뜻은 그의 고백과 성찰을 통해 이 시대 교회를 살리고 회복하기 위함이 아닌지 생각해 본다.

최영근 한남대학교 기독교학과, 교회사 교수

허운석 선교사는 암 투병을 하면서 겨울나무처럼 자신을 벌거 벗기시고 십자가에 매다시는 하나님을 경험한 사람입니다. 그 고통으로 흘린 눈물이 결국 그리스도를 얻는 일이었고, 그 분의 '고난에 동참'하는 놀라운 은총이었습니다. 욥과 같은 고통을 경험한 저자의 성경적 삶과 가르침은 십자가를 지고 승리한 자로서의 부요함을 우리에게 보여 줍니다. 그뿐만 아니라 그리스도와 연합한 자로서, 말씀이 삶에 실체가 되도록 우리를 이끌어 줍니다.

신양선 주님의교회 집사

CONTENTS...

내가 가짜라는 것,

내가 주님 뜻을 거스르고 있다는 사실이

발각되는 것만큼 행복한 것이 없습니다.

내가 적나라하게 벌거벗겨져야 회개하고

하나님께 돌아올 수 있습니다.

1부

탄로난 자아

"오늘 나는 나를 들켰습니다"

1.

세상에서 제일 고약한 왕바리새인이 나였다

로마서 8:36

기록된 바 우리가 종일 주를 위하여 죽임을 당하게 되며 도살당할 양같이 여김을 받았나이다 함과 같으니라

십자가 vs. 만사형통

남편과 20년간 사역한 아마존에서 우리가 처음 살았던 집은 양철 지붕에 판자로 된 15평 남짓이었습니다. 온도는 40~50℃가 넘고, 습도는 90퍼센트를 웃돌았습니다.

그런 곳에서 살다가 미국을 방문한 적이 있습니다. 침대가 있는 방에서 잠을 자려는데 이게 꿈인가 생시인가 싶게 정말 좋았습니다. 하지만 오랫동안 내 몸에 절은 땟물이 침대에 묻을까 봐 신경이 쓰여서 밤새 뒤척이다가 결국 방바닥에 내려와서야 잠을 청할 수 있었습니다.

아마존의 우리 집에는 내가 특별히 사랑하는 의자가 있습니다. 등받이도 없고 오래되어 낡은 나무 의자입니다. 거기에 앉으면 우리를 부요하게 하기 위해 스스로 가난해진 예수님을 좇는 길에 내가 있는 것 같아 행복합니다.

그런데 요즘 교회에 가면 마구간에 나셨던 예수, 목수였던 예수, 집도 없이 살던 예수는 없습니다. 인간 예수는 없고 왕으로 오실 그리스도 예수만 있습니다. 안타깝고 슬픈 일입니다.

십자가의 도가 멸망하는 자들에게는 미련한 것이요 구원을 받는 우리에게는 하나님의 능력이라 기록된 바 내가 지혜 있는 자들의 지혜를 멸하고 총명한 자들의 총명을 폐하리라 하였으니(고전 1:18-19).

십자가의 도가 멸망하는 자들에게는 미련한 것이라고 합니다. 십자가의 메시지가 멸망하는 자들에게는 미련하게 보인다는 뜻입니다. 그렇다면 오늘날 교회는 어떻습니까? 교회가 십자가의 메시지를 미련하게 보는 멸망하는 자가 되어 가고 있지는 않습니까?

교회가 십자가가 아닌 만사형통의 메시지를 채용하고 있습니다. 믿는다는 사람들도 "주님, 십자가는 말고 부활만 주십시오. 고통은 말고 만사형통만 주십시오" 하고 있습니다. 많은 사람들이 고통이나 고난은 크리스천에게 어울리지 않는다고 생각합니다.

십자가가 아니라 만사형통을 기대하고 있다면 교회, 크리스천이라 할지라도 모두 멸망하는 자들입니다.

아담은 스스로 하나님이 되고 싶어서 타락하여 에덴에서 쫓겨났습니다. 아담의 후손인 우리도 아담의 속성을 갖고 있습니다. 스스로 하나님이 되고 싶어 하는 탐심, 반역성이 인간의 본성인 것입니다.

십자가를 교회에서 몰아낸 만사형통은 스스로 하나님이 되고 싶어 하는 탐심이요, 하나님께 반역하는 자리에 서는 것입니다.

왜 그렇습니까? 만사형통이란 왕처럼 옷을 입고, 고급 차를 몰고 다니고, 맛있는 음식을 먹고, 사람들에게 널리 존경을 받는 것을 의미하기 때문입니다.

당신은 어떻습니까? 매 순간 왕이 되고자 하는, 하나님이 되고자 하는 자신이 보이지 않습니까? 아담은 쓸 데가 없는 사람입니다. 고쳐서 쓸 만하지가 않습니다. 그런 아담의 세포를 이어받은 우리도 마찬가지입니다.

그런데도 우리는 늘 죽지 못하고 매 순간 신이 되려고 시도합니다. 누군가한테 싫은 소리를 듣거나 무시당했을 때 어떻게 반응합니까? 당장에 노여워서 몸을 부르르 떨지 않습니까? 자존심을 조금만 건드려도 얼굴을 험상궂게 일그러뜨리며 반격하고 때로 치명적인 독을 내뿜습니다. 그것이 '내가 신인데, 네가 감히 내 자존심을 건드려?' 하는 것 아니겠습니까?

아마존에는 '자라라까'라는 아주 무서운 독뱀이 있습니다. 이 뱀한테 물리면 몇 초 안에 실명하고, 재빨리 해독하지 않으면 죽음에 이릅니다. 그런데 이 자라라까는 사람이 조금만 자기한테 해코지하면 반드시 복수하는 습성이 있습니다. 정말 무섭습니다.

언젠가 아마존 인디오들에게 설교하면서 자라라까를 건드리면 어떻게 반응하냐고 물었더니 '쉬쉬식' 소리를 내면서 혀를 날름거린다고 흉내를 냈습니다. 그래서 내가 다시 물었습니다.

"그러면 그 자라라까가 어디에 있지요?"

그러자 인디오들이 이렇게 대답했습니다.

"내 속에 있지요!"

돌아보면 우리는 자라라까보다 더 무서운 존재입니다.

두들겨 맞는 행복

옛날 학교 앞 문방구에 '두더지 잡기'라는 오락기가 있었습니다. 동전을 넣으면 여러 개의 구멍에서 두더지가 불쑥불쑥 올라옵니다. 그러면 사람이 몽둥이를 들고 그 두더지 머리를 사정없이 두들겨 팹니다. 구멍 속으로 다시 들어가라고 말입니다.

그 두더지 모습이 꼭 나 같습니다. 나를 드러내고 싶어 끊임없이 고개를 내미는 것입니다. 그러면 하나님은 "너는 들어가라. 너는 죽으라"고 하시면서 몽둥이로 나를 징계하십니다.

예수님은 젊은 사도 요한에게도 이 같은 요구를 하셨습니다. 자신의 어머니 마리아를 돌보라는 사명을 맡기신 것입니다. 수천 명을 하나님의 품에 돌아오게 하는 일도, 대단한 업적을 남기는 일도 아니었습니다.

어쩌면 사도 요한은 그보다 크고 위대한 일을 하고 싶었을지도 모릅니다. 우리 역시 그렇지 않습니까? 이왕이면 내 이름을 남길 수 있는 일을 하고 싶어 합니다. 하나님도 알아주고 사람들도 인정해 주는 그런 일이 하고 싶습니다. 그런데 예수님은 우리 기대와 다르게 이렇게 말씀하십니다.

"제발 네가 사라져 주었으면 좋겠다. 내가 너를 통해 나를 나타낼 테니 너는 조금 물러나 있으면 좋겠다."

그런데 그럴 수 있습니까? 보통은 '절대 그럴 수 없습니다!' 하고 고개를 쳐들지 않습니까? 나 역시 그랬습니다. 어떻게 해서든지 목을 길게 빼고는 "하나님, 저는 좀 더 인정받는 자리에 서고 싶습니다. 하나님도 인정하시고 사람들도 알아주는 그런 삶을 살고 싶습니다" 하며 완고하게 버텼습니다. 그러니 하나님이 나를 얼마나 징계하시고 막대기로 연단하셨겠습니까?

그런데 그렇게 하나님께 두들겨 맞는 것이 내게는 즐거움입니다. "오늘도 내가 잘못하다가 두더지 방망이로 한 대 맞았습니다" 하고 고백하는 것처럼 행복한 일이 내게는 없습니다. 그렇게 두들겨 패서 나를 언약 백성으로 만들고 싶어 하시는 하나님의 본심을 알기 때문입니다.

내가 가짜라는 것, 내가 주님 뜻을 거스르고 있다는 사실이 발각되는 것만큼 행복한 것이 없습니다. 두더지처럼 내가 적나라하게 벌거벗겨져야 회개하고 하나님께 돌아올 수 있습니다. 나의 모난 것이 깎이고 다듬어져야 성숙해질 수 있습니다.

우리는 언제든지 하나님을 대적할 수 있는 존재입니다. 새벽에 기도하고, 때마다 일마다 기도하고, 틈만 나면 기도하는 그것이 하나님을 대적하는 행위일 수 있습니다. 교회에 기도하러 간다고 생각합니까? 사실 하나님을 훼방하고 대적하러 나가는 것일 수 있습니다. 왜 그렇습니까?

우리는 기도하려고 손만 모았다 하면 '하나님, 이것 주세요, 저것 주세요' 합니다. 우리가 달라는 이것, 저것이 하나님을 대적하는 것일 수 있는데도, 입만 열었다 하면 내 마음에 드는 그것을 성취하기 위해 달라고 조릅니다.

그런데 기도하다 보니 주님의 사랑의 음성이 들립니다. 내가 얼마나 죄인 중에 괴수인지를 들켜 버립니다. 그렇게 기도는 내 죄를 들키는 것인데, 우리는 그런 것 없이 은혜만 받았다며 "할렐루야" 합니다.

야곱이 얍복 강에서 하나님을 대적해 싸우다가 환도뼈가 부러지고 나서야 비로소 항복하고 평안을 얻지 않았습니까? 우리도 야곱처럼 밤을 새워 조르다 환도뼈를 다치고 나서야 "주님, 잘못했습니다. 내 뜻대로 마시고, 주님 뜻대로 하옵소서" 하며 항복합니다. 그러고 나서야 마침내 평안을 얻습니다.

야곱의 상한 환도뼈란 무엇입니까? 바로 환난이요 질고요 시련입니다. 시련을 당해 고통을 겪어 봐야 나의 죄성이 눈에 보입니다. 하나님을 대적하는 악함이 드러납니다. 그제야 돌이켜 "나는 죄인 중의 괴수입니다"라고 회개하며 "나를 돌보시고 지키시는 은혜가 너무 감사합니다" 하고 돌이키게 되는 것입니다.

하나님은 우리가 떼쓰고 조르면 불쌍히 여겨서 들어주시는 분이 아닙니다. 도리어 그렇게 기도하는 우리를 두들겨 패서 회개하게 하시는 분입니다. 그러므로 기도할 때 조심하시기 바랍니다.

내가 바로 왕바리새인

서울의 한 신학대학교 채플 강의 중에 내가 이런 말을 했습니다.

"지금 한국교회가 타락했다고 합니다. 왜 그런지 아십니까? 한국의 어머니들이 너무 많이 기도했기 때문입니다."

신학생들이 무슨 말인가 어리둥절해했습니다. 말기 암에 걸렸다더니 정신이 온전하지 않은가 보다 하고 생각하는 눈치였습니다. 과연 기도하는 어머니들이 무슨 잘못을 했다는 겁니까?

자기 욕심을 채우기 위해 기도한 죄입니다. 내 자식만 잘되게 해달라고, 내 가족만 무사안일하게 해달라고 기도한 죄입니다. 욕심과 탐심이 있는 자리에 사탄이 반드시 역사하는 법입니다.

탐심으로 기도할 때 사탄이 틈타, 말씀을 이용해 우리에게 더 강하게 하나님을 대적하라고 용기와 담력을 줍니다. 내 욕심을 성취하기 위해 기도하면 사탄도 거기에 기름을 붓습니다. 그래서 잘못된 확신을 심어 더 강력하게 하나님을 대적하게 만듭니다.

'나는 주님을 절대 대적하지 않는다'라고 생각합니까? 만일 그렇다면 당신은 바리새인 중에 왕바리새인입니다. 예수님을 무지막지하게 십자가에 못 박겠다고 혈기가 충천한 사람입니다. 그래서 나는 때때로 우리가 주님을 죽여 봐야 한다고 생각합니다. 그래야 가슴을 치며 회개할 수 있으니까요.

내가 가인이고, 라멕이고, 바벨탑을 쌓은 사람이고, 예수님을 판 유다인 것이 발견되었습니까? 여전히 그런 내가 발견되지 않습니까? 일생에 걸쳐 가인이고 유다인 나의 본성이 발견되어야 합니다. 양파 껍질을 벗기듯 속이 하나도 남지 않을 때까지 우리의 본성이 발각되어져야 합니다. 크리스천의 삶은 그런 것입니다. 어떤 업적을 남기는 것이 아닙니다.

나는 죽음의 고통을 몇 고비 넘기고 나서야 이 같은 사실을 인정하게 되었습니다. 내 이름이 유명해지고 세상에 업적을 남기며 좀 더 빛나는 자리에 앉기를 원했으나, 그것은 하나님이 원하시는 일이 아니었습니다. 오히려 하나님을 대적하는 것이었습니다.

암에 걸리고 고통 가운데 죽음의 고비를 수차례 넘기니 내가 가인이고 라멕이고 유다임을 알았습니다. 하나님이 원하시는 것은 어떤 업적이나 성취가 아니라, 나의 악한 본성이 발각되어져서 하나님 앞에서 내가 미련하고 완악한 죄인이라고 인정하는 것임을 알았습니다.

하나님이 징계하시면 그제야 우리는 "주님의 뜻대로 하옵소서"라고 항복하고 곧이어 평안을 얻게 됩니다. 이것이 크리스천의 일생을 통해 일어나는 성화이며 성숙입니다. 그러므로 하나님의 징계는 옳습니다. 사탄의 편에서 사탄의 역사를 대행하는 나를 징계하시는 것이기 때문입니다.

나와 내 가족만의 안위를 바라는 신앙은 매우 초보적이고 미숙한 신앙입니다. 아니, 위험한 신앙입니다. 하나님은 그런 인생은 지진을 일으켜서라도 무너뜨리십니다. 잘못된 기초를 허물고 진정한 크리스천으로서 기초를 새롭게 일으켜 세우십니다. 이유는 한 가지입니다. 그 자녀가 하나님의 생명의 계보에 들어가게 하기 위해서입니다.

하나님은 자신을 그리스도(인생의 주권자)로 계시하기 위해서라면 인정사정 봐주시지 않습니다. 지독할 만큼 매섭습니다. 그런 하나님을 이길 사람은 아무도 없습니다. 하나님 앞에서 우리는 그저 흙이요 먼지일 뿐입니다.

기도를 들어주시지 않는 이유

한번은 30대 딸 때문에 마음의 근심을 키웠습니다. 딸의 친구들은 결혼해서 가정을 이루고 오순도순 잘도 사는데 왜 우리 아이만 30대를 넘기도록 혼자서 사는가 싶어 불평과 불만이 커졌습니다. 남편과 내가 그 험한 아마존까지 들어와 헌신하는데 하나님은 어째서 내 딸의 결혼 문제 하나도 해결해 주지 않는지 속이 상했습니다.

이런 불평을 가장 먼저 터뜨린 사람이 남편입니다. 딸이 혼자 사는 것이 속상해서 집에만 들어오면 투덜거렸습니다.

"아니 얼굴이 못생겼나, 학력이 모자라나, 왜 남자들은 우리 딸을 알아보지 못하는 거야!"

남편이 이렇게 불평하자 어느 순간 내 입에서도 불평이 나왔습니다. 마음에 불평이 생기자 남자 청년만 보면 '혹시 이 형제가 우리 사위가 아닐까?' 하면서 헛물을 켜기 시작했습니다.

사실 딸이 결혼하지 못한 것은 병에 걸린 나 때문이기도 합니다. 말기 암에 걸린 엄마 대신 살림도 해야 하고, 진료를 위해 나를 데리고 병원에도 다녀야 했던 것이지요.

하루는 딸이 "주님이 제게 하나도 보탬이 안 되니까 당분간 결별했으면 좋겠습니다" 하고 기도했다고 했습니다. 이 말을 듣고 나는 굉장히 충격을 받았습니다. 그제야 정신이 번쩍 들어서 하나님께 회개했습니다.

"오 주님, 용서해 주세요. 우리 딸의 심령 가운데 주님이 진정한 주가 되실 때까지 양보하지 않고 연단하신 것을 정말 감사드립니다."

그즈음 나는 우리 딸이 그때까지 예수님을 진정한 주님으로 모시는 신앙의 성숙이 이뤄지지 않았음을 알았습니다. 그래서 하나님은 딸이 반석 같은 믿음을 갖게 하기 위해 우리의 불평과 투덜거림도 무시하고 그 아이와 격투를 벌이시고 있었던 것입니다.

주님은 우리를 성숙시키기 위해서라면 체면이고 뭐고 어떤 사정도 봐주시지 않습니다. 내 생각으론 딸이 그동안 아마존에 와서 고생을 많이 했으니, 보상으로 좋은 사람 만나 가정을 이뤘으면 좋겠습니다. 하지만 하나님의 생각은 나와 다릅니다. 그때까지 하나님을 주님으로 모셔 들이지 못한 딸을 다루고 연단해서 예수 그리스도의 진실한 제자로 만들기 원하신 것입니다. 그것이 하나님이 우리를 사랑하는 지극한 방법입니다

그러므로 '이것 해달라', '저것 해달라' 하는 기도는 빨리 포기하십시오. 나는 금식하고 철야하면서 떼쓰고 조르는 일에 명수였습니다. 그렇게 기도해서 원하는 것을 얻었다면 그것은 하나님의 응답이 아닙니다. 사탄이 기름 부어 하나님을 대적한 결과일 뿐

입니다.

하나님이 내 기도를 들어주시지 않을 때는 "십자가로 가까이 오너라" 하는 부르심이라는 사실을 기억해야 합니다. 그럴 때는 "그러면 주님 말씀하세요. 빨리 당신의 뜻을 나타내세요" 해야 합니다.

하나님은 우리가 잘 먹고 잘사는 일에 관심이 없습니다. 오직 하나님의 생명의 계보에 우리를 포함시키는 일에 관심을 가지실 뿐입니다. 그것을 위해 하나님은 무지막지한 연단과 고난도 허락하십니다.

풍비박산 나야 바로 서는 존재

놀랄 만한 얘기 하나를 해볼까요?

내가 알기로 하나님은 우리에게 별로 관심이 없으십니다. 하나님의 관심은 오직 '예수 그리스도의 고난'입니다. 하나님은 천지를 창조하신 뒤 지금까지 오로지 예수 그리스도를 계시하는 일에만 열심이십니다.

나는 이 사실을 깨닫고 한편으로 '속았다'는 생각이 들었습니다. 하나님을 믿고 내 인생이 잘되려나 기대했는데 완전히 망했습니다. 누구나 그렇지 않습니까? 우리는 미숙하고 탐심이 많아서 그리스도의 고난에는 관심이 없고 세상적인 성공에만 자꾸 눈을 돌립니다. 그럴수록 우리의 탐심 사이로 사탄이 틈탑니다. 사탄은 어떻게 해서든지 우리가 세상의 헛된 것을 구하게 합니다. 그러나 하나님은 거기에 전혀 관심이 없으십니다.

성경은 창세기부터 요한계시록에 이르기까지 그리스도의 고난을 계시하고 있습니다. 어린양 예수밖에는 관심이 없습니다. 하나님은 우리가 그 아들 예수 그리스도를 깨달아 알아 가기 원하십니다. 그래서 인생의 물과 불을 통과하게 하십니다. 극심한 시련을 통과하게 하시는 것입니다. 그게 아니고는 절대로 자아가 죽지 않기 때문입니다.

이때 하나님 손에 붙들린 사람은 은혜로 그 시련을 이기고 살아남습니다. 내 힘으로 어떻게든 살겠다고 버둥거릴수록 죽음의 늪으로 더 깊이 빠져들 뿐입니다. 하나님이 우리를 시험에 던지실 때 살아남는 길은 빨리 내 자아를 죽이는 것입니다.

그런데 자아는 쉽게 굴복하지 않습니다. 나는 성질이 못됐습니다. 못된 성질을 고쳐 보려고 금식도 하고 철야도 했으나 골다공증만 얻었을 뿐입니다. 어느 날 내가 내 성질에 못 이겨 화를 한껏 내고 있으니 남편이 이럽니다.

"말기 암까지 걸려서 죽을 고비를 몇 번 넘기고도 성질은 하나도 안 변했구먼!"

그래서 나는 겸손할 수밖에 없습니다. 남보다 나은 데가 없으니 남을 정죄하거나 비난할 수 없습니다. 이 점은 내가 성질이 못돼서 갖게 된 유익입니다. 그러므로 나쁜 성질을 고치기 위해 노력은 하되 병을 얻기까지는 하지 마십시오. 나처럼 못된 성질이 가져온 유익을 누리라는 하나님의 섭리라고 생각하십시오.

하나님의 집에서 심판을 시작할 때가 되었나니 만일 우리에게 먼저 하면 하나님의 복음을 순종하지 아니하는 자들의 그 마지막은 어떠하며(벤전 4:17).

이 땅에서 진리가 아닌 것은 날마다 심판을 받게 됩니다. 우리가 주의 종으로 제대로 살고자 하고 주의 일을 위해 헌신하려 하면 하나님은 징계와 연단을 통해 우리를 만들어서 쓰십니다. 그러므로 징계와 연단이 없다면 그의 마지막을 보장할 수 없습니다. 즉 천국과 영생을 보장할 수 없습니다.

"내가 하나님의 영광을 위해 산다고 하는 사람치고 안 망하는 사람을 못 봤습니다."

세상에서 성공했고 신앙적으로도 존경을 받는 어떤 분이 최근 어려움을 당해 힘들어하는 것을 보고 내가 해준 말입니다. 하나님의 영광을 위해 산다고 하면 왜 망할 수밖에 없습니까?

우리는 하나님의 영광을 위해 살 수 있는 존재가 아니기 때문입니다. 우리는 본래 하나님의 영광에는 관심이 없습니다. 오히려 우리는 하나님을 이용해 내 것을 한몫 단단히 챙기겠다는 탐심이 가득한 존재입니다. 그러니 사업에 실패하고 입시에 실패하고 취업에 실패했다고 하나님을 원망할 수 없습니다. 오히려 실패한 그 자리에서 드러난 나의 악한 본성을 회개하고 돌이켜서 하나님의 생명의 계보에 들어가기를 힘써야 합니다.

한때 어마어마한 부자였던 분이 하나님의 영광을 위해 살겠다고 하와이 열방대학을 다니며 열심을 냈으나 어떤 일로 집안이 풍비박산이 나서 괴로워했습니다. 나는 그분에게 이렇게 말해 주었습니다.

"어려움을 당하니까 욕이 막 나오죠? 차라리 하나님을 버리고 도망치고 싶지요? 맞습니다. 그렇게 우리의 죄성과 반역성이 드러나야 합니다. 그래야 회개하고 새사람이 됩니다."

우리는 그런 존재입니다. 가진 재물을 다 잃고 자랑스러워하던 가정이 풍비박산 나야 비로소 하나님께 온전히 헌신할 수 있습니다. 그렇지 않고는 하나님의 영광을 위해 살겠다는 말은 모두 허공에 치는 메아리에 불과합니다. 우리는 절대 그럴 수 없는 존재이기 때문입니다.

더러운 본성이 들통나는 복

기록된 바 우리가 종일 주를 위하여 죽임을 당하게 되며 도살 당할 양같이 여김을 받았나이다 함과 같으니라(롬 8:36).

이 말씀은 바울이 시편을 인용한 것입니다. 시편 기자는 "우리가 종일 주를 위하여 죽임을 당하게 되며 도살할 양같이 여김을 받았나이다"(시 44:22)라고 신음했습니다. 하나님은 우리를 사용하실 때 시편 기자와 같은 환난을 당하게 하십니다. 시련을 당해 당신 속에 있던 반역과 패역과 죄성이 드러난다면, 하나님이 당신을 사용하기 위해 연단과 징계 가운데로 끌고 가시는 줄로 아십시오. 놀라운 기회가 당도했다고 기뻐하십시오. 그리고 "예, 주님. 저는 그런 사람입니다. 내 본성이 더 드러나게 해주세요" 하십시오.

내가 암을 앓지 않았다면 사람들이 "존경하는 선교사님" 하는 소리에 뭐라도 된 줄 알고 얼마나 기세등등했겠습니까? 우리의 혼은 미치광이와 같습니다. 칭찬 한마디에 교만해져서 하나님 자리까지 넘봅니다.

'언더우드 상'을 받기 위해 한국에 왔을 때, 하나님이 내게 "복음 때문에 순교한 사람들이 얼마나 많은데 네가 무슨 상을 받겠다고 우쭐거리느냐"고 하는 것 같아 무대 위에서 벌벌 떨었던 기억이 있습니다. 그러므로 내가 말기 암으로 고생하는 것이 하나님의 축복입니다. 하나님이 나를 지키시는 방법입니다.

하나님은 내게 암이라는 시련을 주셔서 도살당할 양같이 여기게 만드셨습니다. 사람들로부터 '저 선교사는 무슨 큰 죄를 지었기에 저런 병에 걸렸나' 하는 소리를 듣게 하셨습니다. 어떤 교회는 건강할 때는 나를 그렇게 초청하더니, 병들자 교인들이 시험에 든다며 단에 세우지 않았습니다. 하나님은 이렇게 나를 천대받게 하심으로 내 영혼을 보호하십니다.

내가 뭐라고 하나님이 이렇게 내 영혼을 간수하십니까? 인간적인 눈으로 보면 비참하지만, 그분의 끔찍한 사랑을 알기 때문에 말로 다할 수 없는 감사를 드리게 됩니다. 그리고 내가 받는 이 고통과 괴로움은 다른 사람들에게는 예수 그리스도의 떡과 포도주가 됩니다. 그 사실이 또 감격스럽습니다.

"선교사님, 나도 그 사람을 맞고소할까 봐요!"

모함을 당해 억울하다고 호소하는 어떤 분에게 나는 이렇게 대답해 주었습니다.

"그런데 그 사람이 못된 것은 사람들이 다 알지요? 당신이 꾹 참고 있다는 것도 사람들이 다 압니다."

그러자 그분이 "무슨 말인지 알겠습니다" 하더군요.

우리가 겪는 고난은 다른 사람들에겐 예수 그리스도의 떡과 포도주가 됩니다. 그들이 가는 신앙의 좁은 길에 양식이 된다는 말입니다. 우리가 받는 고통과 고난으로 인해 누군가는 큰 위로를 받고 있음을 기억하시기 바랍니다.

하나님의 영광을 위해 살겠다는 말은 모두 허공에 치는 메아리에 불과합니다.

우리는 절대 그럴 수 없는 존재이기 때문입니다.

2.

욕망으로 구한 것이 죄다

고린도후서 12:9

나에게 이르시기를 내 은혜가 네게 족하도다 이는 내 능력이 약한 데서 온전하여짐이
라 하신지라 그러므로 도리어 크게 기뻐함으로 나의 여러 약한 것들에 대하여 자랑하
리니 이는 그리스도의 능력이 내게 머물게 하려 함이라

내 처지가 딱해서 부려 본 욕심

남편과 내가 선교사가 되면서 우리 아이들이 고생이 많았습니다. 무엇보다 선교지에 학교가 없어서 교육을 받는 데 문제가 가장 컸습니다. 한창 또래 친구가 중요한 시기에 친구도 제대로 사귈 수 없고 학교 적응도 쉽지 않았지요.

또 나는 나대로 바빠서 힘든 시기를 보내는 아이들을 돌보아 주지 못했습니다. 위로가 필요할 때 위로하지 못했고 안아 줘야할 때 안아 주지 못했습니다. 주님의 생명을 흘려보내지 못해서 아이들이 상한 부분이 많습니다. 나는 내가 죽을 때까지 아이들에게 용서를 구해야 한다는 걸 잘 압니다.

자녀가 장성하여 자기 믿음으로 자유해져야 하는데, 그렇지 못하다면 '부모 때문에 내가 이렇게 되었다'고 무언으로 항의하고 탓하고 불평하게 됩니다. 자녀를 키우는 부모라면 그런 말을 들어본 적이 있을 것입니다. 나 역시 그런 말을 종종 들었습니다.

얼마 전 아들이 내게 이렇게 말했습니다.

"엄마, 누나가 직장을 다니고 싶어 해요."

젊은 나이에 몇 년째 말기 암에 걸린 아픈 엄마를 돌보자니 얼마나 답답했겠습니까? 그 심정을 충분히 이해할 수 있었습니다.

"그래? 그러면 다녀야지."

하지만 내 속마음은 입으로 하는 말과 달랐습니다. 나는 말기 암에 걸려 혼자서는 내 몸 하나 추스를 수 없는 사람입니다. 당장 딸아이가 없으면 밥 한 끼도 스스로 해 먹을 수가 없습니다. 그 생활을 어떻게 감당할 수 있겠습니까? 가슴이 먹먹해졌습니다. '언제 죽을지 모르는데 마지막 가는 동안만이라도 딸이 같이 있어 주면 좋겠다'가 나의 솔직한 심정인 것이지요.

그랬더니 아들이 귀신같이 눈치를 채고 이렇게 말했습니다.

"엄마, 엄마의 마음은 말하고 다르잖아요."

그 순간 마음이 무너지면서 눈물이 솟구쳤습니다. 내 처지가 너무 딱했습니다. 마지막 시간을 사랑하는 자녀들과 보내고 싶은 마음이 잘못된 것은 아닙니다. 하지만 그건 딸아이의 유익을 위한 일이 아닙니다. 내 욕심일 뿐입니다. 그것은 십자가를 지는 것이 아닙니다.

예수님의 제자는 자기 유익이 아니라 남의 유익을 구해야 합니다. 그리고 딸이 나를 돌보지 않는다면, 주님이 다른 방법으로 날 돌봐 주실 것이라고 믿어야 했습니다. 믿었던 사람이 나를 도와주지 않아도, 심지어 배신해도 괜찮다고 할 만큼 자유해져야 하는데 내 안에 그런 자유함이 아직 없었습니다. 그래서 즉시 십자가를 붙들었습니다.

'주님, 제발 시험에 들지 않게 하여 주옵소서. 회개합니다. 내 뜻대로가 아니라 주님이 원하시는 대로 따르게 하시고, 나를 자유하게 해주소서. 나를 이 아담의 생명에서 제발 끊어 주소서.'

속으로 기도하고 나서 아들에게 진심으로 이렇게 말했습니다.

"아냐, 아들. 엄마 말은 진짜야. 엄마는 언제나 엄마 마음대로 하고 싶지 않아. 이게 내 소원이야."

하나님은 내가 딸을 의지하는 것을 끊으시려고 아들을 통해 칼을 대신 것입니다. 그날 아들은 내가 정말 속마음을 숨긴 것이 아님을 알고 안심하고 돌아갔습니다.

지독한 자기 연민의 덫

우리의 바람과 간구의 해답은 모두 주님한테서 옵니다. 그러니 선교사나 목회자는 사역하다가 뭔가 부족할 때 하나님께 손을 벌려야 합니다. 절대 사람을 의지해선 안 됩니다. '도와달라는 눈치'도 보여선 안 됩니다. 그게 다 부담을 주는 것이고 하나님을 전적으로 의지하지 않고 있다는 증거입니다.

선교비가 부족하다면 부족한 대로 사역하십시오. 이것은 하나님 나라의 일입니다. 우리는 그 일에 동참한 일꾼일 뿐입니다. 그러니 부족하면 하나님이 채우실 것입니다. 만일 돈이 부족하다,

사람이 부족하다며 안달하고 있다면 하나님의 일꾼으로서 사역하는 것이 아니라 자기 사업을 하는 것입니다. 잘못 가고 있는 것입니다.

가정에서도 마찬가지입니다. 남편에게 아주 작은 것을 요구했는데 거절당했습니까? 그러면 우리는 보통 남편이 내 말을 안 들어 줬다고 난리를 칩니다. 화내면서 남편을 멀리합니다. 그러나 그 거절이 크고 놀라운 축복이라는 사실을 알아야 합니다. 순간적으로 거절감에서 오는 슬픔과 상실감이 있겠지만, 즉시 정신을 차려야 합니다. 이것처럼 자아를 깨뜨리고 항복할 좋은 기회가 없습니다.

거절당했다고 섭섭해 할 필요가 없습니다. 그 전에 하나님을 찾아가십시오. 하나님만 의지하십시오. 하나님도 들어주지 않는 것이라면 하나님의 뜻이 아닌 줄로 알면 됩니다.

자아가 펄펄 살아서 기도하면 그 기도를 하나님이 듣지 않으십니다. 은혜의 시간에는 응석으로 받아 주시지만, 진리의 세계로 들어가면 절대 들어주시지 않습니다.

사실 우리가 기도하는 대로 하나님께서 다 들어주신다면, 우리가 얼마나 교만해지겠습니까? 응답해 주신 열매를 다 먹고 나면 곧 은혜를 잊어버리고 하나님을 대적하지 않겠습니까? 심지어는 하나님이 주신 응답을 두고 "너는 기도 응답 못 받았지? 나는 받

있어" 하며 사람들에게 거만을 떨 것입니다. 이것이 아담의 죄성입니다. 그러니 차라리 응답 못 받는 것이 유익입니다.

기도는 세상 것을 달라고 요구하는 청구서가 아닙니다. 그런 것은 주님이 주시는 사은품에 불과합니다. 한낱 부스러기 같은 사은품을 탐낼 게 아니라 주님이 내게 오시기를 구해야 합니다. 주님을 완벽하게 만나는 자리가 바로 기도의 자리인 것입니다.

몇 년간 병든 엄마를 간호하던 딸이 제발 세상에 나가고 싶다고 합니다. 나만 바라보는 시간이 지겨운 겁니다. 나는 순간 내가 너무 불쌍한 처지가 되어서 슬펐습니다. 그런데 이것이 자기연민이고, 자기애입니다. 아담의 마지막 숨통이 바로 자기애입니다. 자기애를 끊는 수준까지 올라가면 비로소 자유를 얻게 됩니다.

"남편은 남편 입장에서 자기를 불쌍히 여기고, 아내는 아내 입장에서 자기를 가련하다고 생각합니다. 연로한 부모는 부모 입장에서 자기를 가엽게 여기고, 어린 자녀는 어린 자녀 입장에서 자기를 안됐다고 생각합니다. 자기 연민은 정말 빠져나오기 힘든 덫입니다. 이 덫을 제거하지 않는 한 진정한 천국은 임하지 않습니다.

남 탓하기 바쁜 자기 연민

자기 연민의 결국은 남 탓입니다. 자기를 사랑하는 사람은 가정이나 사회, 교회에서 문제가 생기면 자기 탓을 하지 않고 자기를 변호하면서 대신 다른 사람을 제물로 삼아 비난합니다.

정말 무서운 일입니다.

몇 해 전 항암치료를 받고 운전해서 돌아가던 길이었습니다. 나는 도로에 나서면 스피드를 즐기곤 합니다. 고속도로에서 천천히 달리는 차가 일차선에 있으면 순간 화가 납니다. 답답해서 견디기 힘듭니다. 그날은 항암치료까지 받았으니 신경이 더 날카로워진 상태였습니다. 그런데 어떤 차가 내 차의 백미러를 팍 치고 지나치는 겁니다. 갑자기 화가 나서 경적을 울리며 "거기 서! 사과하고 가야지!" 하고 소리를 질렀습니다. 그랬더니 옆 좌석에 있던 언니가 명색이 선교사가 그거 하나 참지 못한다고 나를 부끄럽게 여겼습니다. 나는 아랑곳 않고 경적을 울리며 언성을 높였습니다. 그 바람에 차의 속도가 늦춰지자 다른 차가 내 앞에 끼어들었습니다. 더 화가 났지요.

그래서 내 백미러를 치고 간 차를 끝까지 쫓아가서 결국 사과를 받아 냈습니다. 그러고 나자 허탈해지면서 내가 너무 실망스러워지는 겁니다. '내 폐를 자를 때 이 못된 성질도 잘라 주시지'

하는 기도가 저절로 나왔습니다.

그때 주님은 "나는 안 고쳐 준다. 남 판단하지 말고 네 꼴이나 보고 겸손하게 살아라" 하셨습니다. 사도 바울에게 "내 은혜가 네게 족하도다"(고후 12:9) 하시더니 나의 못된 성질은 하나님이 박아 놓은 '사탄의 가시'였던 모양입니다.

옛날에는 나의 가시가 나오면 남 탓하기 바빴습니다. '잘못을 했으면 당연히 사과해야지 모른 척하고 지나가는 게 바른 태도야?' 하며 남을 비난함으로써 부끄러운 내 모습을 변명했습니다. 하지만 지금은 그게 내 탓임을 압니다. 그래서 내가 겸손할 수 있음을 압니다. 이것이 믿음이 자라고 있다는 증거이지 않겠습니까?

오늘 언성을 높이면서 싸웠습니까? 그러면 심정이 어떻습니까? 기쁩니까? 아니면 부끄럽고 어디 숨고 싶습니까? 그러나 기뻐해야 합니다. 내 속의 악이 탄로 난 것을 기뻐해야 합니다. '내가 이 정도밖에 안 되나' 하고 깨닫게 된 것을 기뻐해야 합니다. 그것이 믿음이 성장하고 있다는 증거입니다.

이렇듯 온유와 겸손은 '나의 가시'에서 태어납니다. 친언니조차 부끄러워하는 가시가 없었다면 나는 겸손해질 수 없을 것입니다. 그러므로 하나님이 고쳐 주시지 않는 가시가 있다면 오히려 감사하십시오. 내 연약한 부분이 드러났다고 독사처럼 즉시 고개를 쳐들고 반격할 필요가 없습니다. 더 절망할 것이 없을 만큼 끝장을 봐야 우리가 주님께 항복합니다.

하나님은 이렇듯 너무나 터무니없는 사건들을 통해서 나를 회개의 길로 인도하십니다. 내가 강퍅하기 때문입니다. 사실 죄를 짓는 것보다 더 무서운 것이 강퍅한 것입니다. 죄는 십자가의 보혈로 용서되지만, 강퍅한 자아는 하나님을 대적하므로 쉽게 용서받지 못합니다. 그래서 우리는 강퍅한 이 자아를 날마다 십자가에 못 박으며 날마다 죽어야 합니다.

기도는 탐심을 버리고 순종하는 것

성도들이 "내 자녀를 위해 기도해 주세요" 하면 나는 "먼저 도움이 필요한 다른 아이들을 도와주십시오. 그런 다음에 자녀를 위한 간구를 하십시오" 하고 대답합니다.

주차장을 확보해야 하는데 돈이 너무 많이 들어서 고민하던 교회에게는 "선교지나 교회에 필요한 것을 먼저 채워 주십시오. 그리고 하나님이 이 주차장을 주시면 받으십시오" 하고 말해 주었습니다.

하나님의 축복으로 돈을 많이 번 사람들을 만나면 "그 물질 하

52

나님 사업에 다 쓰세요. 그러면 하나님이 장로님의 물질을 자손 만대로 지켜 주실 것입니다" 하고 권면합니다.

그런데 이 권면을 듣고 따르는 사람은 별로 없습니다. 우리의 탐심을 틈타 사탄이 개입해서 그 인생을 파멸의 길로 인도한다는 사실을 깨닫는 사람이 별로 없습니다.

많은 크리스천들이 돈 때문에 타락합니다. 그래서 하나님은 우리 자아가 십자가에서 먼저 죽어야 물질도 주십니다. 그래야 돈에 자유해져서 하나님의 뜻에 맞게 돈을 사용할 수 있기 때문입니다.

그런데 우리는 얼토당토않게 돈부터 달라고 떼를 씁니다. 돈 먼저 주시면 자아를 죽이겠다고 죽자고 매달립니다.

자아를 십자가에 못 박음으로 그리스도를 얻은 사람에게 하나님이 돈을 주신다고 그가 타락하겠습니까? 아닙니다. 그런 사람은 하나님이 자신에게 물질을 주시는 이유를 압니다. 그래서 주님이 쓰라는 곳에 씁니다. 그저 내 집 사고 나 입을 것만 사는 데 급급하지 않습니다. 주님이 사라고 하면 사고, 사지 말라고 하면 사지 않습니다. 그것이 물질에 대한 자유함입니다.

그러니 부지런히 나누십시오. 초대교회 사람들은 자기 소유를 팔아 형제자매들과 통용했습니다. 하나님이 주신 돈을 아름답게 사용한 것입니다. 주님이 원하시는 대로 순종하면 내가 간구하던 물질뿐만 아니라 세상을 다스리는 권세도 주십니다. 하나님을 의지하면 이런 축복이 임합니다.

특별히 기도할 때 조심해야 합니다. 우리는 죽기를 각오하고 기도하면 다 이루어진다고 배웠습니다. 하지만 아버지가 안 된다 하시면 안 되는 겁니다.

저도 그렇게 기도했습니다. 아마존 선교사로서 선교지에서 필요한 것들을 위해 날마다 부르짖으며 기도했습니다. 주님 뜻은 하나도 모른 채 그저 내 것 내놓으라고 새벽마다 금식하고 철야 하면서 기도했습니다. 목에서 쇳소리가 나도록 부르짖었습니다. 내가 필요한 게 아니라 선교지에 필요한 것이니 당당했습니다. 그런데도 하나님은 들어주지 않으셨습니다. 분통이 터졌습니다. 기도하다가 원한만 쌓였습니다. 하나님한테 왜 들어주지 않느냐고 화를 냈습니다.

"주님, 내가 나 잘 먹고 잘 살자고 기도했습니까? 아마존 식구들 먹여 살릴 선교비 달라는데 왜 안 주십니까?"

그러다 남은 것이라고는 암밖에 없었습니다. 그걸 하나님이 보게 하셨습니다. 내 맘대로 기도한 것입니다. 그것 역시 탐심에 의한 기도였으며 하나님을 대적하는 기도였음을 그제야 알았습니다. 하나님의 뜻과 사탄의 뜻을 분별하기까지 오랜 시간이 걸렸습니다. 이렇게 우리는 하나님 앞에서 별짓을 다 하다가 결국 십자가 복음을 깨닫게 됩니다.

무엇을 구하든 "하나님, 내가 이것을 구해야 할까요, 말까요?" 하고 여쭤 봐야 합니다. "주님, 내가 이것을 기도하는 것이 맞나요?" 하고 먼저 묻고 기도해야 합니다. 묻지도 않고 자기 마음대로 구하면 시험에 들어 낭패를 보게 됩니다.

나는 진리의 세계로 들어온 뒤로 기도가 내 마음대로 되지 않습니다. 내 안에서 탄식하시는 성령의 눈물을 따라 기도하게 됩니다. 주님이 마련해 놓은 기도의 자리로 들어가 기도하게 됩니다. 이것이 아버지의 뜻을 따라 기도하는 것입니다. 아버지의 뜻을 따라 간구하는 그것을 하나님이 들어주시지 않을 리 없습니다.

응답 받고 싶다면 먼저 주님이 내 안에 오셔야 합니다. 내가 주인이던 삶에서 주님이 주인인 삶으로 변화되어야 합니다. 아담을 끊고 주님을 모셔 들여야 하는 것입니다.

그러므로 예수께서 다시 이르시되 내가 진실로 진실로 너희에게 말하노니 나는 양의 문이라 나보다 먼저 온 자는 다 절도요 강도니 양들이 듣지 아니하였느니라(요 10:7-8).

3.

사탄이 내 안의 자기 연민을 갖고 논다

에베소서 5:13

그러나 책망을 받는 모든 것은 빛으로 말미암아 드러나나니 드러나는 것마다 빛이니라

여전히 광야를 헤매는 이유

나는 미혼인 20대 때 예수를 믿는다는 이유로 집에서 쫓겨나 거리를 헤맸습니다. 얼마나 배가 고프던지요. 그때 성경을 보니 이런 말씀이 있었습니다.

구하라 그러면 너희에게 주실 것이요 찾으라 그러면 찾아낼 것이요 문을 두드리라 그러면 너희에게 열릴 것이니… 너희가 악할지라도 좋은 것을 자식에게 줄 줄 알거든 하물며 너희 하늘 아버지께서 구하는 자에게 성령을 주시지 않겠느냐 하시니라(눅 11:9-13).

나는 '뭐? 성령을 주신다고? 당장 먹을 밥이나 좀 주시지…' 하고 푸념했습니다. 하나님께 대든 것입니다.

혹시 "성령이고 나발이고 먼저 내 문제부터 해결해 주세요!" 하고 푸념한 적은 없습니까? 신앙이 어릴 때는 그럴 수 있습니다. 어릴 때부터 경건한 척하면 안 되지요. 하나님 앞에 나아갈 때는 신앙이 어리든 크든 벌거벗고 솔직하게 나아가야 합니다.

사실 영적인 관계가 깊어지면 하나님한테서 도망가고 싶어집니다. 예수님이 십자가에 달리실 때 제자들이 모두 놀라 도망친 것처럼 말입니다. 누가 수치를 당하고 싶고, 모욕을 받고 싶고, 벌거벗김을 당하고 싶겠습니까? 누구든지 그런 수치와 모욕은 당하고 싶지 않습니다. 그럼에도 주님과 동행하는 길은 모욕과 수치를 당하고 오해를 받는 길입니다.

'이 산지를 내게 주소서' 하는 가사의 찬양이 있습니다. 아직 어린 청년들이 이 노래를 간절하게 부르는 모습을 종종 봅니다. 그런데 이게 무슨 뜻인지 정말 알고 있습니까?

성경에 이렇게 요구하고 나선 인물이 있습니다. 갈렙입니다. 그는 85세의 나이에 가나안에 입성해 여호수아에게 "그 산지를 내게 주십시오" 하고 나섰습니다.

갈렙이 말한 산지란 헤브론을 말합니다. 즉 갈렙은 군사 같은 아낙 자손의 땅 헤브론에 들어가 전쟁을 하겠다고 나선 겁니다. 그런데 갈렙은 굳이 그럴 필요가 없습니다. 광야 1세대 중 유일한 생존자가 여호수아와 갈렙 아닙니까? 그들은 하나님께 인정받은 사람들입니다. 그런데도 갈렙이 그렇게 말한 데는 이유가 있습니다.

헤브론은 아브라함이 묻힌 곳입니다. 이 말은 예수 그리스도의 생명의 씨가 뿌려진 곳이란 뜻입니다. 그러니까 갈렙은 주님을 소유하기 위해 목숨을 걸고 자기를 던지겠다고 자원한 것입니다.

우리는 갈렙의 하나님을 사랑하는 마음, 영원한 생명을 사랑하는 마음을 봐야 합니다. 그 마음이 있었기에 갈렙은 노인의 몸이었음에도 아랑곳하지 않고 전쟁에 나가 그 땅을 차지하겠다고 한 것입니다. 그 마음이 없으면 우리는 전쟁을 할 수 없습니다.

그런데 우리는 어떻습니까? 기껏해야 광야를 헤매면서 하나님을 시험합니다. "하나님 나를 축복하소서" 합니다. 자나 깨나 우리 소원은 복 받는 것입니다. 내 사업, 내 가정, 내 자녀가 복 받는 것밖에 다른 소원이 없습니다.

그러니 하나님은 우리를 광야에 두실 수밖에 없습니다. 하나님은 이스라엘 백성이 40년 동안이나 광야를 배회하게 하셨습니다. 왜 그랬습니까? 죽기를 기다리신 것입니다. 하나님의 입에서 나오는 말씀을 우습게 여기고 그저 세상 것만, 자기 소유만, 자기 육신 편하게 되는 것만 구했던 그들이 죽기를 기다리시며 40년을 배회하게 하신 겁니다.

지금 가나안에 입성했습니까? 아니면 아직도 광야를 헤매고 있습니까? 여전히 하나님을 시험하면서 "나를 축복해 주세요" 하며 떼쓰고 있지는 않습니까? "이렇게 해주고, 저렇게 해주세요" 하고 있지는 않습니까? 그렇다면 아직 광야에 있는 것입니다. 그 마음에는 하나님을 사랑하는 마음, 영원한 생명을 사랑하는 마음이 없는 겁니다. 그래서 아직도 광야를 배회하고 있는 겁니다.

예수 그리스도가 구원과 영생을 이미 해결해서 승리의 깃발을 꽂으셨으니 우리는 가서 이미 이긴 전쟁을 하면 됩니다. 그런데도 우리는 하나님을 내 마음의 주인으로 모시기 싫어서 "차라리 애굽으로 돌아가 노예로 사는 게 낫겠다"고 불평합니다. '차라리 예수 믿지 말걸' 하는 겁니다.

그래서 하나님은 그런 우리가 '다 죽기까지' 광야를 배회하도록 두고는 기다리십니다.

자기 연민의 탈을 쓴 사탄

누군가에게 비난을 들으면 어떻게 합니까? 체면이 손상되었다고, 모욕을 당했다고 화내고 맞받아칩니다. 다른 사람에게 가서 나를 책망한 그 사람을 비방합니다. 그 사람에게 인정받고 싶어서 그러는 것입니다. '나는 잘못한 게 없는데 이런 수치를 당한다'면서 자기를 보호하기 위해 온갖 궁리를 하는 것입니다.

이렇게 우리는 수치와 모욕을 당하면 본능적으로 '자기 보호'의 방에 가서 숨습니다. 이것이 자기 연민, 자기애입니다.

이런 행동은 자기도 모르게 사탄을 비호하는 것입니다. "내가 태어날 때부터 함께했는데 죽으나 사나 같이해야지 이제 와서 떠나면 되겠어?" 하며 사탄이 떠나지 못하도록 붙잡는 것입니다. 내 속에 있는 사탄의 속성이 절대 떠나지 못하도록 더 깊이 감추는 것입니다.

사탄의 속성이 도사린 자기애는 우리가 수치와 모욕을 당하면 화내고 분노하고 남 탓을 하고 자기를 변명하도록 만듭니다. 네가 왜 그런 수치를 당하느냐(스스로에게 하는 말)고 부추겨서 남을 미워하고 해코지하게 만듭니다. 그래서 교회를 위해 열심히 봉사하고 헌신한 사람도 결국엔 망하는 길로 빠지게 만듭니다. 세상으로부터 인정받고 싶은 마음을 버리지 못하는 까닭입니다.

그런데 우리는 이런 짓을 하면서도 그것이 사탄과 짝하는 짓인 줄 모릅니다. 옛 자아가 떠나지 못하도록 친하게 지내면서 자기 변명에 빠지고 남을 비방하고 하나님을 대적하는 일을 일삼습니다.

'자기애'(self-love), 즉 자기 연민은 사탄이 끝까지 붙드는 미혹의 수단입니다. 내 안에 깃든 '사탄의 견고한 진'입니다. 이 자기 연민은 성령이 아니고는 도저히 빼낼 수 없습니다. 엑스레이로는 발견할 수 없는 것을 MRI로 정밀 촬영해서 잡아내는 것처럼 자기애는 좀처럼 발각이 안 됩니다. 사탄은 이 자기애를 붙들고 우리 안에서 왕노릇 합니다. 마치 자기애가 진리라도 되는 듯 자기를 사랑하라고 부추깁니다. 우리는 모두 이 자기애에 속습니다.

자기애의 원천은 아담에게 있습니다. 그러니 그동안 얼마나 견고하게 진을 쳤겠습니까? 자기애 속에는 '세상 임금', 즉 사탄이 진을 치고 있습니다. 그러므로 우리가 자기 연민에 빠지는 것은 사탄을 돕는 일입니다. 다시 말해 하나님을 대적하는 일입니다.

"내가 얼마나 충성스런 하나님의 일꾼인데 하나님을 대적했다니요?" 합니까? 그러니까 우리는 그동안 사탄에게 많은 것을 속고 산 것입니다. 자기애는 내 안의 죄를 발견할 수 없게 합니다. 회개할 수 없게 합니다. 하지만 하나님은 그 마음을 파쇄하기 원하십니다.

그러므로 '자기 연민, 자기 보호'의 방을 부숴야 합니다. 벽을 허물어 숨지 못하도록 깨뜨려야 합니다. 그렇다면 자기 연민, 자기애를 어떻게 부숴야 합니까?

가이사랴 빌립보에서 '주는 그리스도'라고 고백해서 크게 칭찬을 들었던 베드로가 다음 순간 예수님께 크게 책망을 듣습니다. 왜 그렇습니까?

"아휴 예수님, 십자가에서 돌아가신다뇨? 절대로 그런 일은 없을 겁니다."

베드로의 말에는 잘못이 없어 보입니다. 치욕의 형벌로 여기는 십자가를 예수님이 진다니까 놀라서, 걱정되어서 이렇게 말한 것입니다. 그런데 정말 그렇습니까? 아닙니다. 베드로의 속내는 예수님이 아니라 자기 자신이 걱정되는 것입니다. 가족도 집도 다 버리고 예수님을 따라나섰는데 십자가에서 돌아가신다면 자기 인생은 뭐가 됩니까? 그보다 더 허무한 인생이 어디 있습니까?

예수님은 그런 베드로에게 "사탄아 내 뒤로 물러가라"고 하셨습니다. 아니 수제자 베드로가 사탄이라니요. 예수님이 너무 심하신 것 아닙니까?

그러나 예수님이 틀리실 리 없습니다. 예수님은 베드로 속에 있는 '자기애, 자기 연민', 그리고 그 속에 도사리고 있는 사탄을 향해 그렇게 말씀하신 것입니다.

하나님이 우리를 징계하실 때는, 나를 징계하는 것이 아니라 내 속에 있는 세상 임금을 심판하시는 것입니다. 내가 파쇄되고 깨어져야 사탄이 물러나기 때문입니다.

그러므로 '내가 그런 것이 아니라 이놈이 내 속에서 나를 조정해서 내가 이렇게 되었군요' 하고 먼저 사탄의 존재를 발견해야 합니다. 그래야 빛이 왔을 때 그것이 만천하에 드러나서 주님이 내 안에 왕으로 오실 수 있습니다.

우리가 지금 광야 생활을 하고 있는 건 이 자기애를 발견하기 위해서입니다. 사탄이 견고하게 진을 친 자기애를 발각시키기 위해 광야를 헤매는 것입니다.

주일에만 예배드리고 적당히 헌금하는 신앙은 아직 광야 생활도 못하고 있는 것입니다. 자기애를 발각시키는 싸움은 시작도 못한 것입니다.

열심히 봉사하고 죽도록 헌신해 보십시오. 그렇게 한 가지라도 열심히 하다 보면 언젠가 '아이고, 내 신앙이 잘못되었구나' 하고 깨닫게 될 날이 옵니다. 봉사하고 있다고 스스로 만족해하고 있습니까? 천만의 말씀입니다. 옳은 줄 알고 했던 것이 다 틀린 줄 깨닫는 것, 그게 봉사입니다. 나의 틀린 것을 영원한 것으로 바꿔 주시는 것이 성령의 놀라운 역사입니다.

그러니 아무것도 하지 않는 것보다 뭐라도 열심히 하는 것이 낫습니다. 안 하면 들통도 나지 않으니까요. 지금 가는 길이 지옥으로 가는 길인지 하나님 나라로 가는 길인지 분별도 되지 않으니까요. 그냥 새까만 채로 살아가는 것입니다.

하나님이 고난을 주셔서 수치와 모욕을 당하도록 하는 것은 자기애를 심판하기 위해서입니다. 수치 가운데 자기애가 드러나서 우리가 더는 그것에 속지 않고 완전히 쫓아내게 하기 위해서입니다.

어떤 아내가 남편과 싸운 뒤 분이 안 풀려서 밖에 나가 사람들에게 남편의 흉을 막 봅니다. 과연 그것이 하나님이 원하시는 것일까요? 하나님이 원하시는 것은 남편과 싸우면서 내 안에 있는 자기애를 처리하는 것입니다.

'내가 남편을 사랑하는 마음이 이렇게 없구나', '내가 가인 같은 살인자구나' 하는 것을 깨닫고 회개하기를 원하시는 것입니다. 내 죄를 가지고 십자가 앞에 엎드려 울며 회개하기를 원하시는데 도리어 사람에게 가서 위로받으려 하니 도무지 사탄을 몰아낼 방법이 없는 것입니다. 우리가 평생 그 짓을 하면서 살고 있습니다.

금식하고 철야하며 열심히 주님을 사랑하고도, 문제만 터지면 사람에게 달려가 위로를 받으려 하니 진리로 나아가지 못합니다. 은혜는커녕 내 속의 사탄이 더 강하게 역사합니다. 나를 연민하고 보호할 때 옛사람은 그것을 양식으로 먹고 더 튼튼해집니다. 자기 의, 자기 자랑, 자기변호, 자기 사랑, 외식으로 충만해지는 것입니다.

문제는 그렇게 예수님을 대적하고 잘못된 길로 가면서도 여전히 그것이 잘못인 줄 모른다는 것입니다. 사탄에게 속아서 자기를 사랑하는 것을 잘 사는 것으로 착각하지 마십시오. 진리의 말씀 안에는 예수 그리스도의 피가 들어 있어서 승리가 있습니다. 우리는 이미 이긴 생명을 받은 사람들이기 때문에 그 진리를 들고 싸우면 간단한 일입니다. 변명 한 번 안 한다고 죽을 것처럼 억울해 하면서 다람쥐 쳇바퀴 돌듯이 뱅글뱅글 돌다가 아까운 인생을 마감하지 마십시오. 끝까지 그렇게 살다가는 신앙 성장, 영적 성숙은 어디에도 없습니다.

그러므로 내 체면이 손상되고, 자아가 묵사발되는 것을 기꺼이 감내하십시오. 바로 그때가 내 속에 있는 사탄의 권세가 물러가는 시간입니다. 그러면 묵사발되었다고 생각한 나는 예수의 부활 능력과 생명으로 다시 살아납니다. 자아에서 자유한 참 자유인이요, 참 크리스천이 되는 것입니다.

위로하는 거짓 선지자

하나님은 내가 선교사인 남편을 무조건 편들지 못하게 하시는 것 같습니다. 무조건 편드는 것이 남편을 병들게 하는 것이라서 그런가 봅니다. 그래서 때로 남편이 십자가의 길을 가는 데 내가 덫이 될까 봐 위로를 삼가기도 합니다.

"주님, 제가 이 순간 무엇을 어떻게 해야 합니까?"

사랑과 위로의 타이밍인지, 선지자의 음성을 발할 때인지 분별하기 위해 이렇게 기도합니다.

신앙 상담을 하겠다고 사람들이 찾아와도 마찬가지입니다. 어쭙잖게 위로한답시고 기분 좋은 말을 하지 않습니다. 위로가 사탄을 돕는 일인 줄 알기에 그렇습니다. 차라리 죄가 폭로되는 것이 낫습니다. 그러면 우리는 십자가의 자리로 나아갈 수 있습니다. 구약의 거짓 선지자들은 늘 '평안하다, 평안하다' 했습니다.

나라가 망해 가는데도 문제없다고만 했습니다. 나는 거짓 선지자가 되고 싶지 않습니다.

> 화평하게 하는 자는 복이 있나니 그들이 하나님의 아들이라 일컬음을 받을 것임이요(마 5:9).

우리는 먼저 하나님과 화평하게 됨으로 이웃을 화평하게 하는 자가 되었습니다. 이런 사람은 이미 이긴 싸움에서 그 승리의 화평으로 들어간 사람입니다. 그는 권세자의 아들입니다. 그는 영적 전쟁을 할 줄도, 이길 줄도 아는 권세자입니다. 그래서 하나님과 사람이 화평하게 하기 위해 하나님의 말씀을 따라서 형제를 권고하고 권면합니다.

그런데 어떤 사람은 권고하고 권면하면 아주 기분 나빠합니다. 위로를 바라고 왔건만 도리어 "회개하라"고 하니까 자기애가 발동해서 상담자를 죽일 듯이 미워합니다. 오죽하면 바울 사도가 '내 몸에 그리스도의 흔적을 가졌다'면서 '내가 십자가를 자랑하지 않았으면 이렇게 고통받지 않았을 텐데'라고 고통스러워했겠습니까.

예수님은 "너희 속에 소금을 두고 서로 화목하라"(막 9:50)고 하셨습니다. '예수 그리스도를 두고 화평하라'는 말입니다. 아무리

친한 사람이라도 권면하면 관계가 깨질 수 있습니다. 그래서 권고하고 권면하려면 그와 원수가 될 각오를 해야 합니다. 나 역시 위로해 주고 좋은 관계를 계속 유지하고 싶지만, 성령이 강권하시니 피할 길이 없습니다.

우리 딸이 병든 엄마를 간병하느라 지쳤습니다. 집안일까지 하려니 혼자 힘으로는 역부족이었습니다. 하지만 따로 간병인을 둘 수 없으니 딸이 혼자 감당했습니다.

딸이 엄마인 나를 간병하다가 자기를 들켰습니다. '아, 내 인생은 없구나' 하는 실망감이 자기를 침울하고 우울하게 했다는 걸 발견하게 된 것이지요. 목숨보다 소중하다고 여긴 엄마이지만, 그 엄마 때문에 인생을 제대로 살지 못했다는 자기 연민을 발견한 것입니다. 그것을 발견하고 딸이 회개했습니다.

"오 주님, 제가 가짜인 것을 들통내 주셔서 감사합니다."

하지만 그런 뒤에도 화가 난다고 했습니다. 친구들은 시집가서 남편과 알콩달콩 사는데 자기는 하루 종일 환자 간병에 집안 살림까지 도맡아 하니 너무 우울하고 속상한 것입니다.

"주님, 주님의 사랑은 다 뺑입니까? 제가 주님과 친해서 좋게 된 게 대체 뭡니까?"

딸의 기도가 참 솔직합니다.

"주님, 내가 부모 따라다니면서 일평생 고생했는데, 주님이 알아서 좋은 신랑감 데려다주셔야 하는 거 아닙니까? 그런데 어째서 주님은 내게 수치만 주십니까?"

이렇게 말할 수 있는 사람은 영적 전쟁을 할 줄 아는 사람입니다. 자기를 볼 줄 알기 때문입니다. 자기 속에 숨어 있는 사탄의 궤계를 발견할 테니 그때 그것을 주님이 넘어뜨리실 것이기 때문입니다.

"아이고 주님, 요놈이 나를 이렇게 속이고 있었네요."

그래야 주님이 그놈을 빼내십니다.

그래서 경건한 척하는 율법주의적 신앙은 사탄의 자식이 되기 쉽습니다. 율법주의 신앙은 주일 성수하고 헌금하고 봉사하고 금식과 철야기도 하는 것으로 자기 신앙생활을 다했다고 생각하는 것입니다.

남들이 충성된 종이라고 칭찬하니까 정말 그런 줄 알고 자기 죄를 발견할 수 없습니다. 사실은 사탄이 그의 심령에 무조건 잘했다고 시멘트를 처발라서 영적 감각이 사라진 것인데 그런 줄 모릅니다. 자기 죄를 발견할 수 없으니 어떻게 회개할 수 있겠습니까? 그 영광을 받았으니 어떻게 내려올 수 있겠습니까?

나는 남편에게 "설교할 때 당신이 실패한 얘기만 하세요!" 하고 당부합니다. 자신의 실패를 자랑하지 않으면 밥도 제대로 차려 주지 않습니다. 그래서 남편은 설교하러 강단에 서면 "과거에 저는 사기꾼이었습니다. 왕바리새인이었습니다" 하고 자기를 폭로합니다. "제가 하나님의 충성된 종인 줄 알았는데, 의인 중에 의인인 줄 알았는데, 알고 보니 주님을 대적한 사람이었습니다" 하고 실수를 드러냅니다.

이렇게 설교하는 까닭은 청중이 남편의 설교를 듣고 자기 죄를 발견하게 하기 위해서입니다. 돌이켜 회개하게 하기 위해서입니다.

자기의 잘못을 인정하는 것은, 나의 옛 자아(사탄의 역사)를 폭로하는 것입니다. 사탄을 들키게 하는 것입니다. 자꾸 감추고 변명하고 남 탓을 하면 내가 아니라 사탄을 감싸는 것입니다. 그러므로 사탄과 싸우고 싶다면 자기를 폭로하십시오. 잘못을 인정하십시오.

책망과 징계는 십자가로 가는 지름길

우리 혼은 정상이 아닙니다. 돌아 버렸습니다. 내 유익만 구하는 데 영리할 뿐입니다. 우리 영과 반대됩니다. 그래서 우둔한 자는 그나마 십자가를 지려 하는데, 머리 좋은 사람, 계산이 빠른 사람은 절대 자존심 상하는 일을 하지 않습니다. 모욕당하기 싫어합니다. 그러니 영리한 사람일수록 사탄의 정체를 폭로해서 쫓아내기 어렵습니다.

사탄의 정체를 알지 못하고 그에게 늘 속기만 하면 아무리 은사를 많이 받고 주님께 기도를 많이 해도 영이 점점 말라 비틀어져서 삭막한 상태가 되고 맙니다. 영리한 것이 얼마나 무서운 것인지 모릅니다. 차라리 아둔하기를 힘쓰십시오.

어떤 사건을 통해, 또는 어떤 교제를 통해 드러나는 나를 아주 진솔하게 인정하고 고백해야 합니다.

"어머 주님, 제가 어느 정도 되었는 줄 알았더니 이런 짓을 하고 있습니다. 이것을 뽑아 가시고, 주님이 이기신 생명을 나에게 넣어 주셔서 새생명 가운데 살게 해주세요."

나는 어떤 대가를 지불하고서라도 주님과 연합해서 가나안의 일곱 족속을 때려잡아야겠습니다. 일곱 족속이지만 왕은 서른한 명입니다. 그 서른한 명의 왕이 내 속에 있습니다. 왕이 되고 싶은 마음이 내 속에 있습니다. 이놈들을 다 쫓아내려면 얼마나 많은 권면과 책망을 받아야 하는지요. 책망을 많이 받을수록, 사탄이 쫓겨 나갈 것입니다.

그러므로 누군가에게 책망을 들었다면 마땅히 기뻐하십시오. 이것 외에는, 내가 십자가(회개)로 갈 길이 없기 때문입니다. 물론 처음엔 화가 나고 자존심이 상하고 고통스러울 것입니다. 하지만 그것이 내 안에 견고한 진을 치고 있는 자기 연민이 폭로되는 것임을 믿으십시오. 자기 연민이 폭로되는 순간 사탄의 정체가 드러날 것입니다. 그러면 주님이 빛으로 오셔서 사탄을 쫓아낼 것입니다.

> 그러나 책망을 받는 모든 것은 빛으로 말미암아 드러나나니 드러나는 것마다 빛이니라(엡 5:13).

나는 병들었을 때 "무릇 내가 사랑하는 자를 책망하여 징계하노니"(계 3:19)란 말씀이 너무 달콤하게 들렸습니다. 병들어 몸이 아프지만 아버지의 사랑이 강같이 내 안에서 흐르며 위로해 주니 너무 행복했습니다.

징계 받는 걸 좋아하는 사람은 아무도 없습니다. 그러나 하늘에 속한 우리는 기뻐하며 받아들여야 합니다.

옳은 줄 알고 했던 것이 다 틀린 줄 깨닫는 것, 그게 봉사입니다.
나의 틀린 것을 영원한 것으로 바꿔 주시는 것이 성령의 놀라운 역사입니다.

4.

철야하고 금식하며 하나님을 대적했다

시편 51:17

하나님께서 구하시는 제사는 상한 심령이라 하나님이여 상하고 통회하는 마음을 주
께서 멸시하지 아니하시리이다

땅에 떨어진 땀방울

나는 23세에 예수님을 믿고, 한 달 만에 내 인생을 하나님께 드리기로 결단했습니다. 당시 나는 불의한 세상에 지쳐서 살고 싶지 않았습니다. 그래서 하나님이 누군지도 제대로 모르면서 "하나님, 오늘 저녁 당장 나를 새로운 피조물로 만들어 주십시오. 그렇지 않으면 더 이상 내 삶을 지탱할 자신이 없습니다"라고 밤 새 울며 기도했습니다. 통곡이 나오지 않으면 내 몸을 때려서라 도 통곡했습니다. 이튿날 보니 온몸에 멍이 들어 있었습니다.

그렇게 울며 기도하는 중에 한 달 만에 신약성경을 다 읽었고 방언이 터졌습니다. 그때 가장 내 기억에 남는 말씀이 "만일 네 손이나 네 발이 너를 범죄하게 하거든 찍어 내버리라… 만일 네 눈이 너를 범죄하게 하거든 빼어 내버리라"(마 18:8-9)였습니다. 이 말씀을 읽은 뒤로는 "내 눈을 빼 버려도 괜찮습니다. 새로운 피조 물만 된다면 어떻든 상관없습니다"라고 기도했습니다. 하나님이 내 기도를 들어주신 것인지 나는 한 달 만에 어제의 내가 아니게 되었습니다.

그리고 그때부터 새벽기도를 하고 금식을 했습니다. 당시 다니 던 교회 목사님이 365일 중 200일을 금식한다고 한 것에 영향을 받아서, 나도 밥도 안 먹고 교회에서 잠을 자며 늘 엎드려 기도했습니다. 덕분에 영안이 열려서 사람들을 보면 그의 미래가 보이곤 했습니다.

결혼을 하고서는 남편에게도 기도하라고 닦달했습니다. 그래서 남편이 40일 금식기도까지 했습니다. 그때 받은 응답이 "목회자가 없는 시골 교회에 가서 갈릴리와 나사렛의 삶을 배우라"는 것이었습니다. 그때가 아들이 7개월, 딸이 세 살이었습니다. 그 아이들을 데리고 마을 전체가 13가구밖에 살지 않는 시골 마을로 들어가서 6년을 목회했습니다.

그곳에서 나는 내가 얼마나 더러운 죄인인지, 얼마나 주님을 배반해 왔는지, 하나님의 형상에 합당하지 않은 죄를 얼마나 자주 많이 짓고 살았는지를 깨달았습니다. 굉장한 충격이었습니다. 신학을 공부하고 처음 전도사가 되었을 때는 신앙이 순백처럼 순결했지만 시간이 지날수록 세상의 것을 탐하면서 타협하고 헛물만 켜고 있었음을 알았습니다.

그런데 내 안의 죄된 속성이 보이자 더 이상 죄를 짓지 않기 위해 율법주의자가 되었습니다. 가령, 남편과 싸우고 나면 죄책감에 시달려서 더 열심히 금식하는 식이었습니다. 죄가 보이면 "주님, 제 실상이 이렇습니다. 저를 불쌍히 여기시고 용서하여 주옵소서"라고 회개하며 주님께 은혜를 구해야 하는데, 내 몸을 힘들게 해서 죄의 대가를 치르려고 했던 것입니다.

내 속의 더러운 것을 폭로하는 것이 성령의 역사입니다. 그런데 나는 그것을 몰라서 더 열심히 금식하고 철야하며 죄를 짓지 않으려고 애썼습니다. 그렇게 하면 온전해진다고 생각했습니다. 행위로 인정받고 싶은 것, 그렇게 온전해진 모습으로 주님 앞에 나아가고 싶은 것, 이것이 바로 율법주의가 아니겠습니까!

죄를 극복시키는 은혜

내가 오랫동안 그렇게 몸을 힘들게 혹사시켰던 것은 '긍휼'(mercy)과 '은혜'(grace)를 구분하지 못했기 때문입니다.

> 그러므로 우리는 긍휼하심을 받고 때를 따라 돕는 은혜를 얻기 위하여 은혜의 보좌 앞에 담대히 나아갈 것이니라(히 4:16).

긍휼이 구약적 개념이라면, 은혜는 신약적 개념입니다. 긍휼은 죄에 대해 용서받는다는 개념이고, 은혜는 죄를 극복하는 능력까지 포함하는 개념입니다.

> 죄가 너희를 주장하지 못하리니 이는 너희가 법 아래에 있지 아니

하고 은혜 아래에 있음이라(롬 6:14).

신약시대의 성도는 '긍휼 아래'(under mercy)가 아니라 '은혜 아래'(under grace)에 있습니다. 다시 말해 주님의 은혜 아래 담대히 나아가면 죄의 지배에서 벗어날 수 있다는 것입니다. 우리가 하나님께 나아가면 긍휼(죄의 용서함)만 받는 것이 아니라, 은혜(죄의 극복)까지 받아서 죄가 우리를 지배하지 못하는 것입니다.

우리는 은혜의 보좌 앞으로 계속 나아가야 합니다. 그 자리는 예수님의 십자가 수난, 부활의 영광을 깊이 묵상해야 나아갈 수 있습니다. 그런 묵상이 있어야만 우리는 주님의 '은혜의 지배'하에 놓이게 됩니다.

히브리서는 특별히 '때를 따라 돕는 은혜'라고 했습니다. 어떤 때입니까? '죄의 유혹을 받을 때'입니다. 즉 죄의 유혹을 받을 때 그것을 극복하는 은혜인 것입니다.

그러므로 시험과 유혹을 받아서 넘어지려 할 때, 십자가 고난의 자리로 나아가 주님의 은혜를 간구하십시오. 극복할 능력을 주십니다. 예수님도 유혹을 받고 그것을 극복하기 위해 은혜를 구했습니다. 예수님은 분명히 하나님의 본체이지만, 세상에서 사는 동안은 인간이셨습니다. 하나님으로서 신성을 사용하지 않으셨다는 의미입니다. 만일 그분이 이 땅에 와서 신성으로 사셨다면 예수님은 결코 우리 삶의 모델이 될 수 없습니다.

> 아기가 자라며 강하여지고 지혜가 충만하며 하나님의 은혜가 그
> 의 위에 있더라(눅 2:40).

하나님의 은혜가 한 사람 위에 부어지면 어떤 일이 일어날
까요?

> 죄가 너희를 주장하지 못하리니 이는 너희가… 은혜 아래에 있음
> 이라(롬 6:14).

예수님은 어려서부터 하나님의 은혜가 그의 위에 머물렀습니
다. 그래서 죄가 예수님을 다스리지 못했던 것입니다. 우리가 예
수님의 십자가 보좌 앞으로 나아감으로 주님의 은혜가 우리 위에
머물 때 우리 역시 예수님처럼 죄의 지배를 받지 않게 됩니다. 이
것은 내가 예수를 믿고 나서 거듭 패배한 뒤에 깨달은 진리입니
다. 이 진리를 깨닫고 나서야 비로소 승리하는 삶을 살게 되었습
니다.

십자가를 모르는 내가 사탄

은혜로 '칭의'에 머무는 사람이 있고, 은혜로 '진리'(성화)로 나아가는 사람이 있습니다. 예수님은 은혜와 진리, 둘 다 충만했다고 했습니다(요 1:14).

오늘날 대부분의 크리스천은 은혜에만 머물러 있을 뿐, 진리로 나아가지 못합니다. 왜 그렇습니까? 진리로 나아가려면 자기를 부정해야 하기 때문입니다. 스스로 신이 되고 싶어 하는 우리는 절대로 자기 자신을 부정하고 싶지 않습니다. 또 십자가를 몰라서 자기를 어떻게 부인하는지를 모르는 사람도 있습니다. 그래서 대부분의 크리스천들이 은혜는 받지만 진리로 나아가지 못합니다. 사명의 길을 걸으며 수치와 모욕을 밥 먹듯이 당해도, 기쁨으로 그 길을 걷는 사람은 손에 꼽을 만큼 적습니다.

그런 까닭에 교회는 십자가도 모르고 하나님이 성도를 어떻게 치리하는지도 모르고 성령의 역사가 어떻게 이뤄지는지도 모른 채 십자가와 하나님과 성령을 가르치고 있습니다. 오늘날 교회가 뒤죽박죽 혼돈의 상태에 있는 이유가 바로 여기에 있습니다.

특히 한국교회의 대표적인 잘못된 흐름을 꼽자면, 첫째 율법주의에 경도되어 있다는 것과, 둘째 은사와 샤머니즘, 율법과 유교가 혼재되어 있다는 것입니다. 우리는 "예수님을 믿으면 이렇게 하고 저렇게 해야 한다"는 말을 많이 했습니다. 신앙을 윤리화시키고 성도들을 속박했습니다.

지난날 내가 율법주의에 빠져서 금식과 철야를 밥 먹듯 한 것도 교회의 가르침을 따른 결과였습니다. 정신이 오락가락할 정도로 몸을 혹사해서 내가 얻은 것이라고는 영양실조와 골다공증뿐입니다.

타락의 가장 큰 열매는 '자존심'입니다. 우리는 언제든지 내가 왕이 되고 싶어 하는 열망이 있습니다. 내 말 한마디에 사람들이 일사불란하게 움직이기를 원합니다. 그렇지 않으면 속상하고 화가 치밉니다. 자녀가 내 말을 무시하면 분노합니다.

가끔 나는 내가 사탄이 아닌가 싶을 때가 있습니다. 예수님도 "너희는 너희 아비 마귀에게서 났으니"(요 8:44)라 하셨고, 세례 요한도 율법을 철두철미하게 지키는 바리새인들에게 "독사의 자식들아"(눅 3:7)라고 호통을 쳤습니다. 우리는 아담의 후손이니 그렇습니다.

개신교회는 믿음으로 의롭게 된다고, 믿기만 하면 구원에 이른다고 가르칩니다. 십자가의 고난이나 순종을 가르치지 않습니다. 그 결과 어떻게 되었습니까? 오늘날 크리스천은 하나님께 충성하는 사람이 아니라 교회에 충성하는 사람이 되었습니다. 그리스도가 누군지 몰라도 주일마다 교회에 나가 예배만 드리면 되는

'선데이 크리스천'이 되었습니다.

성령이 오시면 "죄에 대하여, 의에 대하여, 심판에 대하여 세상을 책망하시리라"(요 16:8)고 했습니다. 하나님은 그런 우리를 진리로 가게 하기 위해 날마다 심판하시고 분초마다 심판하셔서 우리의 죄악이 드러나게 하십니다. 우리의 죄악을 폭로해서 돌이켜 회개하여 진리로 가게 하십니다.

"주님, 저는 이것밖에 안 되는 사람입니다. 이 시궁창 같은 마음이 언제나 깨끗이 청소되겠습니까? 그러나 소망 중에 즐거워하겠습니다. 언젠가는 이게 다 비워져서 주님으로 충만할 때, 왕 같은 제사장이 될 줄 믿습니다."

이렇게 기도하는 것이 죄에서 돌이켜 회개하는 것이고 하나님의 은혜를 입는 것입니다.

그런데 문제는 우리가 우리의 죄악을 보고 회개의 자리로 가는 것이 아니라 도리어 남을 탓하고 원망한다는 것입니다.

"나를 괴롭히고 넘어지게 하다니, 너는 사탄이야."

누군가를 통해 내 죄가 탄로 나는 것이 성령의 역사인데 내 죄를 드러낸 그 사람을 원망하고 탓하는 것입니다. 내가 맞선 원수는 그 사람이 아니라 나인데, 나를 돌이키기 위해 수고하는 그 사람을 원수라 여기고 싸우는 것입니다. 이것은 사탄의 미혹을 받아 넘어진 사람들의 반응입니다. 안타깝게도 우리들 대부분은 이렇게 반응합니다.

상처 받는 그 순간이 회개할 시간

만일 누군가의 말 한마디에 섭섭하고 화가 나고 짜증이 난다면 육신에 속한 상태라고 여기면 됩니다. 아직 은혜에 이르지 않은 상태입니다. 성경에 보면 가인이 그런 사람이었습니다. 하나님이 그의 제사를 받지 않았다고 상처 받아서 동생 아벨을 살해했습니다.

누군가의 말이나 행동 때문에 상처를 입었다면 아직 주님의 은혜에 들어가지 못한 것입니다. 그래서 나는 누군가가 한 말에 마음이 아프고 상처가 되면 "아 내가 아버지 집 밖으로 나갔구나. 오 주님 용서하세요"라고 기도합니다. 내게 상처를 준 그 사람이 아니라 아버지 집을 나간 내가 문제이기 때문입니다.

주일에 교회에 나와 앉아 있다고 모두 천국에 가는 것은 결코 아닙니다. 내 생각에는 천국에 들어가기는 굉장히 어렵습니다.

그러므로 만일 문제가 생기고 어려운 일이 닥쳤다면, '하나님이 내 안에 있는 그 쓰레기를 치우시려고 이토록 노력하시는구나. 내가 미워서가 아니라, 나를 새롭게 창조하시기 위해 부득불이 쓰레기들을 치워 내실 수밖에 없구나' 하고 감사하십시오. 그리고 누군가의 말과 행동으로 인해 상처를 받았다면 깜짝 놀라며 회개하십시오. 그 사람이 아니라 내가 잘못하고 있는 것입니다.

"내가 저놈의 마누라 때문에 못 살아!"

"저 자식 때문에 못 살아!"

이것은 아담의 말이지 크리스천의 말이 아닙니다. 가인과 라멕의 반응이지 크리스천의 반응이 아닙니다.

남편이 아직까지 방황하며 주님께 돌아오지 않았습니까? 그렇다면 내가 변화되지 않아서, 나한테서 주님을 발견할 수 없어서 그런 것이라고 회개하며 눈물 흘려야 합니다. 크리스천은 그래야 합니다.

그러나 우리는 하나님 앞에 나와 기도할 때면 그저 칭얼거립니다.

"하나님, 제 남편이 너무 속을 썩여요."

물론 기도하지 않는 것보다 이렇게라도 기도하는 것이 낫습니다. 이렇게 기도하다가 성령이 가르쳐 주셔서 문제는 내게 있음을 깨달을 수 있으니까요.

하나님은 "우리 남편 좀 변화시켜 주세요" 하면 "너나 변화되세요" 하십니다. "네 남편이 너를 보호하려고 얼마나 애쓰는지 왜 보지 못하느냐? 너는 왜 언제나 네 욕심껏 남편을 쥐고 흔들려 드느냐?" 하며 책망하십니다.

그러므로 기도하러 나와서 능력이나 은사나 축복을 구하지 말고 오로지 주님을 구하십시오. 모든 능력과 은사와 축복의 주인은 주님이십니다.

"주님, 제 자신을 부인하려는데 안 됩니다. 십자가를 지고 주님을 따르라는데 그게 잘 안 됩니다."

"주님, 나는 사랑할 수 없습니다. 죽이고 싶고, 밉고, 때리고 싶고, 밟아 버리고 싶고, 치워 버리고 싶은 악독밖에는 없습니다."

"주님, 나는 당최 변화가 안 되니 어쩌면 좋습니까! 나는 주님이 아니면 정말 어떻게 손을 쓸 수 없는 죄인입니다."

이것이 주님을 구하는 기도입니다. 이렇게 상하고 찢긴 마음으로 그분을 찾는 것이 하나님이 가장 기뻐하는 제사입니다.

하나님께서 구하시는 제사는 상한 심령이라(시 51:17).

본회퍼는 "경건하기 위해 기도하는 것은 음란한 행위다"라고 말했습니다. 자기의 경건을 위해서 기도하는 자는 음란한 행위를 하는 자라는 것입니다. 자기 의를 구한 바리새인의 기도가 바로 그런 기도였습니다.

우리는 다만 죄인으로서 하나님 앞에 나아갈 뿐입니다. 순간순간 폭로되는 나의 죄성으로 인해 주님을 구할 뿐입니다.

하나님의 은혜를 받은 사람, 십자가를 아는 사람은 누구에게서 든지, 어떤 상황에서든지 나의 죄성을 봅니다. '아, 오늘도 나를 회개시키시려고 저 사람이 수고하는구나'라고 여기고 회개의 자리로 나아갑니다. 그러므로 우리는 누구든지 남을 판단할 수 없습니다.

하나님은 "우리 남편 좀 변화시켜 주세요" 하면 "너나 변화되세요" 하십니다.
기도하러 나와서 능력이나 은사나 축복을 구하지 말고 오로지 주님을 구하십시오.
모든 능력과 은사와 축복의 주인은 주님이십니다.

5.

자아가 완전히 뭉개지니 행복하다

시편 37:25

내가 어려서부터 늙기까지 의인이 버림을 당하거나 그의 자손이 걸식함을 보지 못하
였도다

가족의 얼굴이 내 신앙 상태

어느 조직이나 사람들을 괴롭히고 분열시키고 잘난 체하는 사람이 있습니다. 우리는 대개 그런 사람들을 보면 '저 사람만 없으면 회사 다닐 맛 날 것 같다'고 푸념합니다. '저 사람을 쫓아내 주십시오!' 하고 속으로 기도합니다.

하지만 성숙한 크리스천은 '하나님이 저 사람을 통해 나의 미련을 쪼개시려나 보다. 나를 똑바른 인간으로 만드시려나 보다. 하나님 감사합니다' 합니다. 그래서 그 사람을 비난하고 미워하기보다 자신의 죄를 발견하고 회개합니다. 그러면 나중에는 주변 사람들로부터 '역시 하나님 믿는 사람이라 다르다'고 칭송받습니다. 나를 괴롭힌 사람과도 친구가 됩니다.

이런 사람이 온유한 사람입니다. 이렇게 간단한 것을 몰라 우리는 사탄의 조종을 받습니다. 하나님이 내 강퍅한 자아를 깨뜨리시려고 상사를 통해 나타나신 것인데 미처 내 모습을 보지 못한 것입니다.

그러므로 주변에 나를 힘들게 하고 괴롭게 하는 사람이 있다면, 내가 죽는 시간이라 생각하고 연단을 받으십시오.

반면에 내가 오히려 누군가를 괴롭게 하는 사람이 될 수 있습니다. 가정에서 부모는 흔히 자녀들에게 군림하려는 경향이 있습니다. 무슨 일이든 내 생각대로, 내 편의대로 하려고 하면 자녀들의 얼굴이 밝지 못합니다. 그래서 부모가 집에 없으면 좋아하고 부모가 집에 있으면 자기 방으로 들어가서 나오지 않습니다.

만일 자녀들이 자기 방에서 나오지 않고, 나와 말을 섞기 싫어합니까? 그러면 '내가 주님을 경멸한 것'을 알아야 합니다. 언제 주님을 경멸했냐고요? 나로 인해 주님의 영광이 나타나지 않는 것이 주님을 경멸한 것입니다. 가령 자녀가 밖에 나가 해서는 안 되는 잘못을 저질렀다면, 그것은 곧 부모 얼굴에 먹칠한 것입니다. 마찬가지로 입으로는 주님을 주인으로 모시고 산다면서 자아가 시퍼렇게 살아서 말하고 행동하고 판단하고 있다면 그것은 곧 주님의 얼굴에 먹칠하는 것입니다. 주님을 경멸하는 것입니다.

하나님은 아들을 통해서도 내 안의 견고한 자아를 깨뜨리셨습니다. 아마존에서 판자로 얼기설기 지은 우리 집은 벽에 구멍이 숭숭 뚫려 있습니다. 나한테 화가 난 아들이 성질을 못 이기고 주먹으로 벽을 친 까닭이죠. 물론 지금 아들은 미국 뉴욕의 나약신학교(Nyack College)에서 아빠의 뒤를 이어 아마존 선교사가 되려고 준비하고 있지만 한때 얼마나 속을 썩이던지 정말 고통스러웠습니다.

그런데 돌아보면 미숙하고 어리석고 완악하기는 아들보다 내가 더했던 것 같습니다. 아니 미숙하고 완악한 나를 깨뜨리기 위해 아들이 그렇게 수고했구나 싶습니다. 당시 막나가는 아들과 싸울 게 아니라, 내가 먼저 무릎 꿇고 하나님께 회개했다면 아들의 방황이 금세 끝났을 것입니다. 머리로만 예수를 알고 자아가 시퍼렇게 살아서 온갖 악한 말과 행동을 다하니 아들이 그럴 수밖에요. 그런 내가 꾸리는 가정이 편안할 리 만무했습니다.

그런 중에도 교회에 나가 봉사하고 헌신하고 정말 열심히 살았습니다. 식구들이 나로 인해 스트레스를 받는 줄도 모르고 집에 돌아와서는 주의 일을 이렇게 열심히 하는데 아무도 도와주지 않는다고 난리를 쳤습니다. 그러니 딸과 아들의 얼굴이 얼마나 상했던지, 깡통만 차면 완전히 거지로 보일 정도였습니다. 남편 얼굴, 아이들 얼굴이 엉망이 됐습니다.

하물며 우리 집에서 기르는 고양이도 나를 보면 도망치기 바빴습니다. 너무 예뻐서 안아 주고 싶어 아무리 찾아다녀도 어떻게든 도망쳐서 숨었습니다. 그럴 때면 '어쩌다가 나라는 인간이 이렇게 됐을까? 나야말로 왕바리새인이구나! 내가 진짜 무시무시한 인간이구나!' 하는 생각에 너무 끔찍했습니다.

그런데 십자가를 깨닫기 시작하면서 아이들의 얼굴이 조금씩 달라졌습니다. 그때 알았죠. 자녀의 얼굴을 보면 나의 영적 상태가 어떠한지 알 수 있다는 사실을요. 남편의 얼굴이 굳어 있으면 '아, 주님이 나를 기뻐하시지 않는구나. 내가 또 옛날 버릇이 나왔구나' 하면서 회개하고 돌이켰습니다. 그런 세월이 흐르며 우리 집이 차츰 세워져 갔습니다.

당신은 어떤 사람입니까? 자녀들과 가족들의 얼굴을 보면서 나의 영적 상태를 점검하시기 바랍니다.

혹시 삶이 고단합니까? 되는 일이 하나도 없는 것 같습니까? 지혜가 없기 때문입니다. 지혜는 낮아지고 겸손해야 얻을 수 있습니다. 교만하고 탐욕스러운 사람은 지혜로울 수 없습니다. 부드럽고 유연하고 겸손하고 성실하고 정직한 지혜는 성령의 지혜입니다. 지혜롭고 싶다면 성령을 그 안에 모시면 됩니다.

교만하고 탐욕스러운 사람은 지혜롭지 못하거니와 주님의 은혜와 도우심을 받지 못합니다. 주님의 은혜가 고갈되었으니 삶이 메마르고 거칠고 황량합니다. 자아만 펄펄 살아서 인색하고 탐욕스럽고 차갑고 자기중심적입니다. 주변의 사람들이 다 떠나갑니다.

'겸손의 지혜'에 형통이 있습니다. 존귀가 있습니다. 하나님의 모든 아름다움이 있습니다.

나를 살리는 십자가 센서

나는 아마존에서 살면서 무슨 일을 만나든지 어떤 자연을 보든지 하나님께 먼저 묻는 훈련을 받았습니다. 낮이든 밤이든 벌레들한테 뜯기다 보면 매분 매초 주님께 매달리지 않으면 도무지 살 수가 없기 때문입니다.

정말 인생을 하나님 뜻대로 살고 싶다면 매분 매초 하나님께 여쭙고 내 상황을 보고해야 합니다. 마음에 드는 모든 생각도 보고하십시오. 과연 주님의 생각은 무엇인지, 주님의 뜻에 합당한 것인지 자꾸 묻고 대답을 듣는 것입니다. 그러면 거기에 내 자아가 머물 틈이 없습니다. 지금까지 살면서 경험으로 알고 있는 것처럼, 우리 자신은 믿을 것이 못 됩니다. 여전히 자기밖에 믿지 못하겠다면 그보다 미련한 사람이 없고 교만한 사람이 없습니다.

한번은 딸이 자연 다큐멘터리 DVD를 아마존으로 보내 줬습니다. 거기에는 동물들이 물을 얻기 위해 수천 킬로미터를 이동하는 모습이 담겨 있었습니다. 나는 그것을 보면서 '동물들은 어떻게 수천 킬로미터나 떨어진 물을 찾아가는 걸까?' 궁금했습니다. 센서가 있는 것도 아니고, 내비게이터가 안내해 주는 것도 아니고, 인도하는 자가 있는 것도 아닌데 말입니다.

그래서 주님께 여쭤 봤습니다.

"예수님, 저 동물들은 무슨 센서가 있어서 저렇게 가는 걸까요? 그렇다면 우리는 무슨 센서가 있어서 주님을 찾아가서 생명 되신 주님을 만나는 걸까요?"

그러자 주님은 이렇게 말씀하셨습니다.

"그건 십자가다!"

십자가가 센서가 돼서 생명의 근원이며 생수의 근원인 주님께로 우리를 인도한다는 말씀입니다. 그러니까 십자가 센서는 성도의 영적인 본능인 것입니다. 내 판단과 말과 행동이 육적 본성에서 나온 것인지 영적 본성에서 나온 것인지 판단하려면 십자가에 나를 비추어 보면 됩니다.

가령 누군가를 욕하고 싶을 때 십자가를 기억하면 "하지 마"라는 음성을 듣게 됩니다. 십자가가 우리를 주님께로 데려가는 것입니다. 그래서 십자가를 따라가면 핍박을 받고 수치를 당하는 상황이라도 길을 잃어버리지 않을 수 있습니다. 마치 수천 킬로미터를 이동해 물을 찾는 초원의 동물들처럼 말입니다. 이것이 얼마나 멋진 일입니까!

아무 문제없는 가짜 평안

그런데 우리는 십자가를 지는 삶이 어렵다고 느낍니다. 모욕받고 낮아지고 모멸을 받는 것이 얼마나 행복한 것인지 모르기 때문입니다.

우리 믿음의 선조들은 이 십자가를 지고도 기뻐할 수 있었습니다. 그들은 "주님, 무미건조한 삶을 살아가느니, 차라리 나에게 고통을 주옵소서"라고 기도했습니다. 고통 가운데 주님을 보고 경험하기를 원해서였습니다. 거기에 참 평안이 있기 때문입니다.

마태복음 1장은 예수님의 조상들의 족보가 기록되어 있습니다. 거기에는 네 명의 여인이 나오는데, 나는 어떻게 해서든 예수님의 족보에 이름을 올린 여인 중 하나가 되고 싶었습니다. 그래서 그 여인들을 묵상하기를 즐겼습니다.

'예수님의 어머니였던 마리아는 어떻게 해서 하나님께 선택되었을까? 어떻게 예수님을 이 땅에 오게 하시는 데 그 몸이 사용되었을까? 그렇다면 다시 오실 예수님의 역사에 참여하려면 어떻게 해야 할까?'

예수님의 역사에 참여하는 길은 따로 있지 않았습니다. 예수님이 나의 인격에서 열매로 온전히 드러나면 되는 것이었습니다. 다시 말해 성령의 열매를 맺는 것이 주님의 생명의 계보에 들어가는 길인 것입니다. 성령의 열매에는 이처럼 놀라운 비밀이 숨겨져 있습니다.

성령의 열매를 쉽게 생각해서는 안 됩니다. 열매를 맺는다는 것은 그 무게가 어마어마한 것입니다. 성령의 열매는 십자가 위에서 태동되는데, 자아가 완전히 무너지고 뭉개졌을 때 내 인격 속에서 열리게 됩니다. 나의 전 소유를 다 주님께 드려야만 주님이 내 인격 속에 오실 수 있기 때문입니다. 그러면 사도적인 삶, 순교자적인 삶을 살게 됩니다. 아브라함과 이삭, 야곱, 요셉도 모두 자아 부정의 길을 걸은 믿음의 조상들입니다. 완전히 벌거벗겨져서 예수 그리스도로 옷을 입음으로 그리스도의 그림자가 된 사람들입니다.

"우리는 아무 문제없어. 자식도 남편도 아무 문제없이 잘나가" 하십니까? 그때가 무서운 때입니다. 가짜 평안일 수 있기 때문입니다. 개구리가 끓는 물에 들어간 줄도 모르고 다리를 쫙 벌리고 따뜻함을 즐기는 상태일 수 있습니다.

십자가를 지고 수치와 모욕을 당하고 낮아질 때가 사실은 평안한 때입니다. 하나님의 기름 부으심이 폭포수같이 흘러넘치는 때이기 때문입니다. 이때야말로 샤론의 꽃 예수가 내 심령에서 활짝 피어나는 때입니다.

존귀는 십자가에서 오는 것

나는 초등학교 때, 수업이 끝난 뒤에도 교실에 남아 나머지 공부를 종종 했습니다. 산수를 풀고 구구단을 외운 것을 확인 받으려고 선생님 앞에만 가면 머리가 하얘지는 겁니다. 그렇게 나머지 공부를 하고 10리를 걸어서 집에 도착할 즈음이면 마을 어귀에 나를 마중 나온 언니가 보였습니다. 그러면 나는 언니에게 고마워하기는커녕 막 화를 냈습니다. 그 시간에 언니가 마을 어귀에 나와 나를 기다린다는 것은, 곧 내가 공부를 못해서 나머지 공부를 하고 돌아왔다는 것을 온 동네에 소문내는 것이라고 생각해서였습니다.

하나님은 내게 공부하는 머리를 주시지 않았습니다. 외우거나 셈하기는 젬병인 데다, 어떤 세상 학문이든 잘하지 못합니다. 그런데 한 가지, 말씀을 깨닫는 머리는 주셨습니다. 한쪽을 막으시는 대신 다른 한쪽을 여셔서 거기에 집중하도록 하신 것입니다.

그러므로 자녀들이 공부 못한다고 속상해하지 마십시오. 하나님이 필요해서 잠가 놓으신 것입니다. 다른 곳을 열어 쓰임 받게 하실 것입니다.

요즘 하나님은 말기 암 환자인 나를 끌어다가 강단에 세우십니다. 무슨 빛이 있어서, 무슨 은혜를 끼치겠다고 그러시겠습니까. 내가 조금 낮아지는 시늉을 했더니 하나님께서 병든 나로 인해 멀쩡한 사람들을 부끄럽게 하려고 강단에 세우시는 겁니다.

얼마나 많은 그의 자녀들이 반역의 길을 걸었으면 나처럼 병든 자를 세우시겠습니까. 얼마나 안타깝고 가슴 아프셨으면 아파서 데굴데굴 구르는 나 같은 사람을 세우시겠습니까.

머리도 나쁘고 성격도 지랄 같지만, 그럼에도 주님의 말씀을 들고 십자가의 길을 걸으려는 나를 긍휼히 여겨서 이렇게 강단에 세우시고 멀쩡한 자로 부끄럽게 여기게 하시는 줄 믿습니다.

지난 30년간 나는 "주님, 저는 거라사 광인과 같은 자입니다. 바로 왕보다 더 강퍅한 인간입니다. 너무 완고하고 고집스런 자입니다"라는 기도를 가장 많이 했습니다. 성경을 보니 거기에 기록된 죄 중에 내가 짓지 않은 것이 하나도 없었기 때문입니다.

나이 들수록 우리 안에 존귀가 있어야 합니다. 존귀는 십자가에서 오는 것입니다. 예수님이 자기를 버려서 십자가를 지고 죽으심으로 만왕의 왕이 되신 것처럼, 우리도 조금만 낮아지면 하나님이 존귀와 영광으로 옷 입혀 주십니다.

성령의 열매는 십자가 위에서 태동되는데,

자아가 완전히 무너지고 뭉개졌을 때 내 인격 속에서 열리게 됩니다.

나의 전 소유를 다 주님께 드려야만 주님이 내 인격 속에 오실 수 있기 때문입니다.

6.

책망 받아 엎드러질 때 빛난다

고린도후서 13:5

너희는 믿음 안에 있는가 너희 자신을 시험하고 너희 자신을 확증하라 예수 그리스도
께서 너희 안에 계신 줄을 너희가 스스로 알지 못하느냐 그렇지 않으면 너희는 버림
받은 자니라

40일 금식기도, 그리고 떠난 길

우리 부부는 남편이 전도사 시절에 3년간 끈질기게 나를 따라다녀서 결혼했습니다. 사실 남편은 생김새부터 어느 것 하나 마음에 드는 구석이 없는 사람이었습니다. 주님이 말씀하시지 않았으면 절대 결혼하지 않았을 것입니다.

막상 결혼하고 보니까 남편은 그야말로 왕바리새인이었습니다. 청렴결백한 것까지는 좋은데 술 마시고 담배 피우는 사람은 인간 취급도 하지 않았습니다. 게다가 가방 메고 신학교에만 가지 밥벌이할 생각도 안 했습니다. 결혼을 한 게 아니라 양자를 얻은 기분이었죠.

남편이 내 옆에만 있어도 숨을 제대로 못 쉬었고 결혼생활은 죽음의 그림자가 나를 덮친 것처럼 암울했습니다. 내가 할 수 있는 건 그저 기도하며 버티는 것이었습니다.

더구나 남편은 실망스럽게도 목회의 길을 걷겠다면서 기도도 잘 하지 않았습니다. 그래서 어느 날 "이혼하고 싶지 않으면 금식기도해서 능력이라도 받아 오라"고 으름장을 놓았습니다. 남편이 금식기도해서 능력을 받아야 목회도 제대로 하고 밥벌이도 해서 가족을 돌볼 것이라 생각했던 것입니다.

그렇게 해서 남편은 금식기도 40일 만에 "갈릴리로 가라"는 하나님의 응답을 받았고, 우리는 경상북도 금릉군의 작은 시골 교회로 가게 되었습니다.

약한것이 강한 것

당시 신학교를 졸업한 나는 서울의 어느 교회에서 중고등부 전도사로 아이들을 섬기고 있었습니다. 처음에는 50명가량이 모였는데 나중에는 100명으로 불어났지요. 그때 내가 가르친 아이들 중에 목사가 된 사람도 여럿 있습니다. 참 뜨겁던 시절이었습니다. 그런 사역지를 떠나 시골 마을로 들어가려니 영 마음이 내키지 않았습니다. 그때 주님이 이런 말씀을 해주셨습니다.

"네가 살고자 하면 죽고, 죽고자 하면 살 것이다."

마을을 통틀어 13가구밖에 없는 곳에서 6년간 목회를 했습니다. 당연히 입에 풀칠하기도 힘든 형편으로 살았습니다. 그런데 주변의 사모님들을 보니 남편 목사가 잘나가서 명품을 두르고 다니며 너무 잘 먹고 잘사는 겁니다. 그들과 비교하니 내 처지가 너무 처량해서 얼마나 상처가 되었는지 모릅니다. 똑같이 주의 종이 되겠다고 기꺼이 예수님을 따라나섰는데 누구는 물질의 축복을 받아 호의호식하고, 누구는 늘 가난에 허덕이니 얼마나 상처가 되었겠습니까. 이렇게 혼자서 속으로 찌르고 고통스러워하는데 누군가 그런 나를 비웃고 조롱하면 정말 참담했습니다.

그렇게 만족이 없고 기쁨이 없으니 날마다 들키는 게 죄였습니다. 주님을 배반하지 않고 정말 순종하며 살고 싶은데 현실을 보면 내 소원은 간 데 없고 자아만 펄펄 살아 난리를 쳤습니다. 그래서 허구한 날 철야하고 금식했습니다. 자아와 십자가 사이에서 몸부림을 친 것입니다.

철야하고 금식해서 겨우 힘을 얻고 나면 남편과 다투거나 어려운 현실에 좌절해서 받은 은혜가 쏜살같이 사라지곤 했습니다. 너무 고통스러웠습니다. 죽고 싶다는 생각도 들었습니다. 아마도 우울증을 앓았던 것 같습니다.

> 그리스도께서 약하심으로 십자가에 못 박히셨으나 하나님의 능력으로 살아 계시니 우리도 그 안에서 약하나 너희에게 대하여 하나님의 능력으로 그와 함께 살리라 너희는 믿음 안에 있는가 너희 자신을 시험하고 너희 자신을 확증하라(고후 13:4-5).

"그리스도께서 약하심으로 십자가에 못 박히셨으나"라는 말씀을 이해할 수 있습니까? 예수님이 약하시다니요? 나는 도대체 이 말씀이 이해되지 않았습니다. 예수님은 이 땅에서 사시는 동안 당신의 영적인 권세를 자신을 위해 쓰신 적이 단 한 번도 없습니다. 100퍼센트 인간으로 살기를 힘쓰셨습니다. 그 이유가 베드로전서에 나옵니다.

> 이를 위하여 너희가 부르심을 받았으니 그리스도도 너희를 위하여 고난을 받으사 너희에게 본을 끼쳐 그 자취를 따라오게 하려 하셨느니라(벧전 2:21).

우리에게 모범이 되기 위해 그러셨다는 것입니다. 우리에게 본이 되기 위해 십자가의 미련함으로 사셨다는 것입니다. 예수님은 십자가에 달림으로써 우리 죄를 대속하셨을 뿐만 아니라 십자가의 길을 모델로 보여 주셨습니다.

그러므로 이 땅에서 인격에 성령의 열매가 맺히지 못하면 우리는 가짜입니다. 구원은 생명으로 생명을 바꾸는 것입니다. 하찮은 육신의 생명이 하늘에 속한 생명으로 바뀌는 것입니다.

상상이 됩니까? 예수님이 특별히 십자가의 어리석은 방법으로 당신이 죽으심으로 우리의 생명을 하늘에 속한 영원한 생명으로 바꿔 주셨다는 말입니다. 하나님의 이 놀라운 역사를 나는 감히 상상할 수도 없습니다.

베드로는 우리가 구원의 부르심을 받은 것은 예수님이 모범으로 보여 주신 십자가의 길을 따르게 하려는 것이라고 말했습니다. 그것이 구원 받은 백성이 해야 할 일이라는 겁니다. 우리는 바울 사도를 통해 그 길을 따르는 것이 어떤 것인지 짐작할 수 있습니다.

> 그러므로 내가 그리스도를 위하여 약한 것들과 능욕과 궁핍과 박해와 곤고를 기뻐하노니 이는 내가 약한 그때에 강함이라(고후 12:10).

십자가의 길을 따르는 우리도 예수님처럼 약한 모습으로 능욕과 궁핍과 박해와 곤고를 당하게 됩니다. 그런데 슬프지도 않고 원망스럽지도 않고 힘들지도 않고 기쁘다고 합니다. 약한 모습으로 어려움을 당하나 기쁘게 당한다니, 이보다 더 강한 자가 어딨겠습니까. 하지만 나는 어려움을 당하자 우울증을 앓았고 죽고 싶었고 깊은 어둠 속으로 침잠해 갔습니다.

저항하지 말고 끌려가는 게 사는 길

그러던 어느 날 기도 중에 하나님께서 나의 자아를 환상으로 보여 주셨습니다. 내 자아가 이 땅에 발을 딛고는 하나님의 보좌

까지 닿도록 서 있었습니다. 그렇게 커다란 자아가 내 안에 버티고 있었던 겁니다.

그런데 당시 나는 이렇게 커다란 자아를 어떻게 처리하는지를 몰랐습니다. 도대체 어떻게 이 자아를 처리하고 주님과 연합할 수 있는지 너무 고민이 되었습니다. 그러다가 서울에서 사역할 때 가졌던 예수님에 대한 처음 사랑을 잃어버렸다는 사실을 깨달았습니다. 결혼 전에 나는 주님밖에 모르는 순수하고 순결한 신앙을 가진 자였습니다. 금식과 철야도 많이 해서 은사도 많이 받았습니다. 하지만 결혼을 하고 주변의 부자 사역자들을 만나면서 시험에 들어 처음 사랑을 잃어버렸던 것입니다.

그래서 처음엔 결혼한 것을 후회했습니다. 결혼해서 타락하기 시작했나 싶어서 후회했습니다.

하지만 결혼했기 때문에 타락한 것이 아니었습니다. 누구나 결혼 전에는 거리낄 게 없으니 고상하게 신앙생활을 할 수 있습니다. 그러나 결혼해서 현실과 부딪치다 보면 신앙이 부대끼게 마련입니다.

그러니 결혼한 것이 잘못은 아니었습니다. 나중에 안 사실이지만 하나님이 나를 결혼시키신 것은, 그렇게 강한 자아를 처리하지 않으면 하나님과 연합할 수 없음을 알게 하시려는 것이었습니다. 무슨 말이냐 하면 결혼하지 않으면 절대 내 안에 그렇게 큰 자아가 버티고 있는 줄 모를 것이기 때문에, 결혼을 시켜서 그 자아를 발견하게 하신 것입니다.

아마 이것은 모든 결혼한 사람들에게 해당하는 것이 아닐까 합니다. 결혼하면 내가 어떤 사람인지 정체가 들통나게 되어 있습니다.

나는 결혼하지 않았다면 늘 기도하고 금식하며 혼자 신령한 생활을 하면서 성녀처럼 늙어 갔을 것입니다. 그러면 하나님의 군사는 될 수 없었을 것입니다. 물론 꼭 결혼해야 군사가 되고 결혼하지 않으면 군사가 되지 않는다는 얘기는 아닙니다. 내 경우는 그렇다는 얘기입니다.

아침 빛같이 뚜렷하고 달같이 아름답고 해같이 맑고 깃발을 세운 군대같이 당당한 여자가 누구인가(아 6:10).

그 쓰리고도 아픈 모든 시험을 거쳐서 아침 빛 같고, 달 같고, 해 같은 여인이 되고 싶었습니다. 믿음의 정절을 지키고, 어떠한 곤고와 핍박과 어려움에도 주님을 배반하지 아니하며, 주님께 신실한 마음을 바치는 여인이 되고 싶었습니다.

그런데 이런 여인은 예수 믿었다고 하루아침에 되는 것이 아니었습니다. 오랜 성숙과 십자가에서 자아가 죽는 시간이 영글어서 그런 여인이 되는 것입니다.

남편이 금식기도해서 응답 받은 '갈릴리', 금릉군의 시골 교회는 당시 우리에게 꼭 필요한 곳이었습니다. 거기서 우리가 좀 더 성숙해질 필요가 있었던 것입니다. 내가 부름 받은 사람이어서가 아니라 못돼 먹어서 죄인 중에 괴수라서 그랬습니다. 내 자아를 처리하는 일은, 먼저 못돼 먹었고 죄인 중에 괴수인 나를 만나는 일부터 해야 했던 것입니다.

나를 고통스럽게 만든다고 남편을 얼마나 미워했는지 모릅니다. 나의 그 같은 악함을 깨뜨리기에 남편이 제격이었습니다. 내가 얼마나 악랄한 인간인지 세포 구석구석까지 들추어 주니까 자아를 깨고 부수고 가루로 만들 수 있었던 것입니다.

나 역시 남편에게 그런 역할을 했습니다. 그래서 남편과 나는 시골 교회에 있는 6년 동안 날마다 십자가에 나아가 회개를 해야 했습니다. 그렇게 영글어진 우리이기에 지금은 이리 봐도 내 사랑, 저리 봐도 내 사랑입니다. 주님이 악독하기 그지없는 우리를 이렇게 변화시키셨습니다.

내 얘기를 듣다 보면 '영적으로 깊은 단계까지 나아가려면 나처럼 고통스러워야 하는가?' 하고 의문이 들 것입니다. 그렇지 않습니다. 주님이 우리에게 '날마다 자기 십자가를 지고 따르라'고 했잖아요. 그러니 미루지 말고 빨리빨리 자기 십자가를 지면 나처럼 고통스럽지 않아도 됩니다. 내가 숱하게 저지른 시행착오를 하지 않으면 되는 겁니다.

그런데 우리는 어느 사이엔가 율법주의의 독을 너무 많이 마셔서 뼛속까지 율법적입니다. 그래서 신앙생활도 율법적으로 하려고 합니다. '나는 담배 안 피운다', '술 안 마신다', '싸우지 않는다'고 자기 의에 빠져 있습니다. 조금 착한 일한 것, 조금 인내한 것 가지고 자기는 죄인이 아니라 의로운 사람이라고 착각합니다. 이것이 바로 주님을 대적하는 모습입니다.

그래서 하나님은 우리를 폭로시키십니다. 하나님이 폭로시키시지 않으면 우리는 영원히 죄인이면서 의인으로 착각하며 하나님을 대적할 것입니다.

우리가 죄인인 것은, 문제가 생기고 고난이 오면 본능적으로 회피하고 도망치려는 데서 드러납니다. 남 탓하고 원망하며 남도 주님도 속이려 드는 것입니다. 아담이 범죄한 후에 그랬습니다. 주님은 십자가로 인도해 회개하게 하시려는데 우리는 가급적 그 길을 회피하려 듭니다. 에덴에서 쫓겨난 아담의 길을 똑같이 따라가는 겁니다.

그러므로 주님이 회개의 길로 부르실 때 저항하지 말고 끌려가십시오. 그래야 살 수 있습니다. 그래야 주님과 연합한 삶을 살 수 있습니다.

참는 건 율법적 의인들이 하는 짓

그런데 하나님이 주신 문제는 괴롭긴 하지만 참을 만합니다. 견딜 만합니다. 그래서 율법적 의인들은 성경이 '인내하라' 했으니 잘 참습니다. 그러면 하나님이 조금 더 큰 문제를 보내십니다. 그러면 이전보다 더 강퍅하고 지독한 죄가 탄로 납니다. 이때도 잘 참습니다. 그러면 이제 주님이 더 강력한 문제를 보내십니다. 이번엔 기도원에 가서 금식하고 철야하면서 버팁니다. 이때 주님은 어떨 것 같습니까? 애가 탑니다. 속이 바짝바짝 마릅니다.

"애야, 제발 '주님 나는 이 죄를 이길 수 없습니다, 주님 나는 이런 인간입니다' 하고 고백해라."

빨리 고백하고 항복하면 얼마나 좋겠습니까. 언제부터 자기가 그렇게 의로웠다고 참을 만하다, 견딜 만하다고 버티는 겁니까. 우리가 그렇게 쓸 만한 인간이었으면 주님이 왜 십자가를 지고 죽으셨겠습니까.

죄가 발각되면 '내가 또 그랬구나. 다시는 그러지 말아야지. 내가 참아야지' 하는 것은 율법적 의인들이 하는 짓입니다. 나뭇잎으로 치마를 만들어 입고 수치를 가리는 행위입니다.

하나님은 수치를 가리라고 문제를 주시는 게 아니라 악함을 들춰내라고 문제를 주십니다. 이 점을 분명히 알아야 합니다. 다시 말해 내 속에 '악마'와 '옛 아담'이 있다는 것을 확실하게 봐야 십자가 복음을, 구세주를 간절히 바라보게 된다는 말입니다. 그런 나를 구원하실 분은 예수님밖에 없으니까요. 내가 얼마나 썩어 문드러진 인간인지 보라고, 내 자아를 장사지내지 않으면 도무지 구제불능의 인간이라고, 내가 죽고 주님이 드러나지 않으면 도무지 답이 없는 인간이라는 걸 알게 하시기 위해 하나님은 반복해서 문제를 겪게 하시는 겁니다. 그러므로 수치가 드러났을 때 그 수치를 가리지 말고 십자가 앞에 나가 "주님, 감춰져 있던 내 본모습이 드러났습니다"라고 고백하십시오. 그래야 주님이 보낸 문제를 통과할 수 있습니다.

우리가 일찌감치 항복해서 "주님, 나는 이렇게 약한 죄인입니다. 나는 사랑하는 남편(아내)과 자녀도 사랑할 수 없는 존재입니다" 하고 회개하면 주님이 얼마나 기뻐하시겠습니까. 이렇게 상한 심령이 될 때에, 자기 의가 깨어질 때에, 주님은 기뻐서 나를 변화시키시고 구원해 주십니다. 그것 하나 깨달았다고 주님이 춤을 추시는 겁니다. 우리는 그것 하나 깨닫자고 인생을 이렇게 고통스럽게 사는 겁니다.

그러므로 이제 죄가 탄로 나면 다시는 죄 짓지 않겠다고 결심하고 철야하고 금식해서 자기를 벌주지 마십시오. 그래선 안 됩니다. 나의 약함을 고백하고 죄가 드러난 것을 감사해야 합니다.

진심으로 내 죄를 고백하면 더러운 것이 내 속에서 떠나갑니다. 그러면 그 자리에 성령이 오십니다. 이제 제대로 예수님을 닮아 가는 삶을 살 수 있게 됩니다

내가 예수님의 생명으로 충만해지면 누가 싸움을 걸어와도 싸움이 안 됩니다. 예수님을 닮으면 용서하고 싶지 않아도 용서하게 되니까 싸움이 되지 않는 겁니다. 이렇듯 주님의 생명이 나를 점령하면 내가 노력하지 않아도 주님의 성품이 우러나옵니다. 이것이 주님이 주신 새생명입니다.

고난, 옛 생명이 쪼개지는 시간

십자가에서 자아가 깨어지고 회개하여 성화의 과정을 거친 성도에게는 이제 예수님이 드러나기 시작합니다. 인생의 문제가 오고 고난이 오고 역경이 올수록 그에게 드러나는 것은 예수님밖에 없는 것입니다.

사람들은 그를 보면서 '도대체 저런 고난을 받고도 어떻게 기쁠 수 있는 거야?' 하면서 비결을 궁금하게 여깁니다. 사실 이것이 전도입니다. 예수님밖에 드러나지 않는 그 사람이 복음이고 전도입니다. 뭔가 바라던 것이 성취되고 좋은 일이 생겨서 기쁜

것은 그렇지 못한 사람들에겐 자랑으로밖에 여겨지지 않습니다. 위로가 되거나 덩달아 기쁘거나 감동이 되지 않습니다. 그런 기쁨은 전도가 되지 않습니다.

크리스천 자녀들은 대개 창의성이 없고 매사에 의욕이 없는 것을 봅니다. 율법주의 신앙을 가진 부모가 자녀의 모든 생각과 행동을 율법으로 제한하기 때문입니다. 크리스천 부모들이 교회에서 낮은 자처럼 봉사하다가 집에 돌아오면 바로 왕으로 돌변해서 군림하려 들기 때문입니다. 부모가 너무 세면 자녀들이 사회의 부적응자가 되기 쉽습니다.

이렇게 무기력한 자녀들을 보고도 우리는 자기 죄를 깨닫지 못하고 예전보다 더 강도 높게 비난하고 야단쳐서 자기가 원하는 모습으로 변화시키려 애를 씁니다. 당신은 어떻습니까? 자녀가 부모 앞에서 평화를 느낍니까, 공포를 느낍니까? 공포를 느낀다면 우리가 바로 일곱 귀신 들린 자이고 왕바리새인이고 그 생명을 찢는 사탄입니다.

그런 우리가 살 길은 하나님의 책망을 듣고 심판을 받아 정결해지는 것입니다.

그러나 책망을 받는 모든 것은 빛으로 말미암아 드러나나니 드러나는 것마다 빛이니라(엡 5:13).

이 말씀이 얼마나 큰 위로가 됩니까? 책망 받고 심판 받는 것이 빛으로 드러나기 위함이라고 합니다. 고난의 시간을 잘 통과하면 부활해서 빛으로 드러나게 되는 것입니다.

우리는 고난을 통과해서 예수 그리스도를 만나게 되는데, 이때 곧바로 주님의 생명이 느껴지는 것은 아닙니다. 예수님도 십자가에 달려 돌아가신 지 3일 만에 부활하셨습니다. 어둡고 습한 3일의 시간이 필요했던 것입니다.

땅에 심긴 씨앗은 깊은 어둠 가운데 껍질을 깨고 땅을 뚫고 나옵니다. '왜 이렇게 문제가 풀리지 않는가?' 하는 때는 깊은 어둠 가운데서 껍질을 벗기고 있는 때입니다. 그러고 나면 이제 땅을 뚫고 새싹이 올라옵니다. 곧 옛 생명이 쪼개지는 것입니다. 어린 새싹은 흙을 뚫고 나오기 위해 캄캄한 흙 속에서 박치기를 1만 번은 시도한다고 합니다. 우리도 옛사람을 벗어버리기 위해 최소한 1만 번은 시도해야 합니다. 오늘 실패했더라도 실망하지 말고 또 박치기를 해야 합니다. 그러므로 믿음으로 인내하십시오.

하나님은 상한 심령을 기뻐하십니다. 그렇게 찢기고 상한 모습으로 나를 주님께 드리면 주님이 고쳐 주시고 용서해 주시고 새롭게 해주십니다. 그리고 어느 날엔가 지금으로선 도무지 상상할 수 없는 새생명을 입은 모습으로 태어나게 됩니다.

하나님은 우리를 폭로시키십니다.
하나님이 폭로시키시지 않으면 우리는 영원히 죄인이면서
의인으로 착각하며 하나님을 대적할 것입니다.

십자가 없이 은사와 능력을 받으면 무당과 다를 바가 없습니다.

십자가도 모르면서 은사를 사모하지 말고,

혹여 은사를 받았다면 사용하지 마십시오.

그것은 스스로를 죽음으로 내모는 것이나 같습니다.

2부

위험한 은사

"생명 없이 능력만 구했습니다"

1.

십자가 없는 은사는 독이다

고린도전서 1:18

십자가의 도가 멸망하는 자들에게는 미련한 것이요 구원을 받는 우리에게는 하나님
의 능력이라

중요한 건 망고나무가 아니라 십자가

한국교회를 방문하면 많은 사람들이 이렇게 간증합니다.

"주님께서 이런 엄청난 문제를 해결해 주셨습니다."

"우리 아들이 명문 대학에 들어갔습니다."

"남편이 직장에서 승진했습니다."

그런데 아마존에서는 이런 간증은 하지 않습니다. 대신에 "달 걀을 훔쳤습니다", "선교사님 댁의 닭을 훔쳐다가 정글에서 구워 먹었습니다" 하고 자기 죄를 간증합니다. 그러면 성령께서 오셔서 놀랍게 역사하십니다.

성령님은 우리가 오라고 하면 오고 가라면 가는 분이 아닙니다. 금식하고 철야하고 몸을 뒹굴며 난리를 쳐도 꿈쩍도 안 하십니다. 하나님은 내 심령이 상해서 쪼개지기 전까지는 꿈쩍도 않고 가만히 지켜만 보십니다. 그러나 심령이 쪼개져 회개하고 돌아오면 두 팔 벌려 안아 주십니다. 오직 십자가의 은혜, 다시 말해 진심 어린 회개와, 용서의 감격이 있는 그곳에 성령이 임하십니다.

우리가 사역한 아마존에 그래서 부흥이 일어났습니다. 지난 17 년간 무시무시한 싸움을 한 끝에 이룬 결실이었습니다. 물론 그들과도 싸웠지만 무엇보다 나 자신과 싸웠습니다. 형제를 섬길

수 없었던, 형제를 위해 내가 제물로 드려지지 못했던 세월이 17년이었던 것입니다. 하나님이 나를 다듬고 빚으신 17년이었습니다. 이를 뒤집어 말하면 그 17년은 하나님이 나를 통해 역사하실 수 없던 통한의 세월이었습니다.

아마존 사람들이 남의 물건을 훔친 죄, 간음한 죄, 남에게 상해를 입힌 죄 등을 고백하고 회개하자 하나님께서 새생명의 역사를 일으키기 시작하셨습니다. 그리고 신기하게도 땅이 회복되어 그동안 한 번도 열리지 않았던 망고나무에 망고가 열리기 시작했습니다. 표적이 나타난 것입니다.

그러자 사람들은 망고나무에 열린 열매 얘기가 듣고 싶어서 나를 간증의 자리에 불렀습니다. 하지만 나는 망고가 열린 일보다 아마존 형제들의 심령에 주님이 오셔서 새생명을 창조하셨다는 사실이 감격스러워 춤을 추고 싶을 지경입니다. 그래서 나는 간증의 자리에 서면 망고나무 얘기는 하지 않고, 아마존 사람들에게 나타난 회개와 변화의 역사만 나눕니다.

십자가 없는 역사는 다 거짓입니다. 십자가가 무엇입니까? 내가 죄인이라는 사실을 각성하는 것입니다. 진심으로 회개하고, 그런 나를 용서하시는 하나님의 사랑을 깨닫는 것입니다. 우리는 십자가 앞에서 전인격적으로 변화됩니다.

종교적으로 부흥하는 일은 불교든 이슬람교든 어느 종교에서 나 일어날 수 있습니다. 하지만 다른 종교에서는 십자가의 역사가 일어나지 않습니다. 그러므로 십자가가 없이는 예수 그리스도를 주님으로 만날 수 없습니다.

그렇다면 십자가의 역사는 어떻게 일어날까요?

우리가 왜 싸웁니까? 자존심 때문입니다. 우리는 언제든지 하나님의 자리를 차지하고 싶어 합니다. 그런 맥락에서 봤을 때 은사를 받고 싶어 하는 것은 하나님만 받을 수 있는 영광을 자신이 차지하고 싶어 하는 탐심입니다. 옛사람을 벗어버려 못된 근성을 고칠 생각은 않고 은사만 많이 받아서 남보다 잘나고 싶어 하는 것입니다.

이렇듯 십자가와 상관없다면 그는 가인입니다. 십자가에서 살이 찢기는 순종도 없고 회개의 눈물도 없는 가인의 제사를 하나님이 받으실 리 만무합니다. 내가 드린 예배가 받아들여지지 않으면 상처를 받아 강퍅해집니다. 아벨 같은 성도가 은혜 받으면 화가 나서 내 눈앞에서 몰아내야 속이 시원합니다. 나보다 약한 자녀들과 마누라를 괴롭힙니다.

그렇게 아벨을 때려죽이는 일을 밥 먹듯이 하면서도 회개하지 않습니다. 오히려 "저 원수 때문에 내가 예수 믿기 싫어. 저 원수는 나를 넘어지게 하는 사탄의 앞잡이야" 하면서 남 탓을 하고 모함합니다. 가인은 날마다 자신의 분노, 욕심, 탐욕 때문에 미래에 걸리적거리는 사람들을 죽여 가면서 자기 야심을 키워 가는 사람입니다.

당신은 가인입니까? "주님, 저는 살인자입니다. 저는 저의 분노 때문에 분초를 다퉈 형제를 살해하는 가인입니다"라고 고백하며 하나님 앞에서 눈물을 쏟고 있습니까? 이 같은 회개의 눈물이 분초를 다퉈 흘러내려야 합니다. 그러면 그리스도의 보혈이 강같이 흐르게 됩니다.

십자가 없는 은사의 참담한 결말

은사 하면 나도 빠지지 않는 사람입니다. 은사의 능력이 군사 같은 사람입니다. 하지만 은사의 능력을 사용한 뒤에 깨달은 사실 하나는, 그 은사로 인해 다른 사람은 살릴지 모르지만 나 자신은 죽일 수 있다는 것입니다.

왜 그렇습니까? 은사로 인해 나타난 표적은 화려한데 그것 때문에 예수 그리스도의 형상이 회복되지는 않기 때문입니다. 하나님은 오히려 그런 나를 향해 "이 불법한 자야, 나는 너를 알지 못한다. 나를 떠나가라!" 하십니다.

예수 그리스도의 형상, 곧 예수 그리스도의 성품을 이루는 길은, 오로지 나를 날마다 십자가에 못 박는 것입니다. 그런 사람만이 예수 그리스도를 잘 아는 사람입니다.

은사는 하나님의 일을 하라고 하나님이 주신 것입니다. 하지만 그것이 생명은 아닙니다. 생명은 오직 예수 그리스도뿐입니다.

그래서 십자가 없이 은사만 있으면, 가뜩이나 신이 되고 싶어서 안달이 난 우리는 이세벨같이 남을 조종하는 사람으로 변질되고 맙니다. 내 마음에 안 들면 내쳐 버리고 나보다 잘나면 시기하고 질투합니다. 마치 요한계시록에 나오는 음녀가 면류관을 쓰는 것 같습니다. 나의 신기한 은사를 보고 사람들이 추종하니까 참람한 이름을 단 면류관을 쓰고 군림하는 것입니다. 십자가 없는 은사는 그래서 위험하기 짝이 없습니다.

짧은 한쪽 다리가 길어지는 일이 실제로 일어납니다. 얼마나 신기하고 놀랍습니까. 그런데 그렇게 다리의 균형이 맞춰져서 하나님께 영광 돌리고 믿음의 사람이 되면 좋을 텐데 그렇지 않습니다. 직접 기적을 보고 경험한 사람들이 나중에 예수님을 십자가에 못 박은 사실을 기억하십시오.

아무리 기도해도 장애가 고쳐지지 않은 사람이, 그래서 평생 기도하며 겸손하게 사는 사람이 다리가 길어진 사람보다 훨씬 복 받은 사람입니다. 그래서 병 고침을 받은 것이 반드시 축복은 아닙니다. 오히려 병 고침을 받지 않은 것이 하나님의 특별한 은총일 수 있습니다. 그런데도 우리는 '믿음이 좋으면 고침 받고 믿음이 약하면 고침 받지 못한다'는 이상한 공식을 믿습니다.

못된 짓을 일삼는 사람에게 하나님은 특별히 은사를 주시기도 합니다. 왜냐하면 그가 은사도 없으면 하나님을 믿고 따라오지 않을 줄 알기 때문입니다. '우는 아이 떡 하나 더 주는' 식입니다. '내가 주님을 괜히 믿었어. 손해가 막심해!' 하며 씩씩대다가도 주님의 은사가 자기를 통해 나타나면 주님을 버리지 못하는 것입니다. 이것이 은사가 충만한데도 인격의 변화가 없는 까닭입니다.

그런 줄도 모르고 은사자들은 자기가 특별한 사람이라고 생각합니다. 한껏 교만해져서는 왕노릇하려 합니다. 심지어 하나님이 그 은사를 빼앗아 가셨는데도 짐짓 은사를 꾸며 내어 있는 척합니다. 그는 다른 사람을 구원하고도 자기는 버림받은 사람입니다.

나 역시 너무 못나고 막나가는 인생이라서 은사를 많이 받았습니다. 하지만 다행히 십자가 은혜도 주셔서 은사로 인해 버림받은 사람은 되지 않았습니다.

40~50℃의 고열로 푹푹 찌는 아마존에 간 것은 하나님이 나의 옛사람을 벌거벗겨 새사람으로 빚기 위한 계획이었습니다. 아마존에서는 벌레들이 머릿속까지 들어와서 물어뜯습니다. 강단에서 찬양을 하다 보면 벌레들이 입 안으로 날아와 켁켁거려야 합

니다. 그런 환경에서 하나님만 붙잡는 십자가 은혜를 주신 것입니다.

하나님도 표적들과 기사들과 여러 가지 능력과 및 자기의 뜻을 따라 성령이 나누어 주신 것으로써 그들과 함께 증언하셨느니라(히 2:4).

표적과 기사는 하나님의 살아 계심을 증거하는 것입니다. 그러나 그리스도의 생명은 십자가 안에만 있습니다. 이것을 혼동해선 안 됩니다.

2.

은사로 하나님을 반역할 수 있다

사시기 8:27

기드온이 그 금으로 에봇 하나를 만들어 자기의 성읍 오브라에 두었더니 온 이스라엘
이 그것을 음란하게 위하므로 그것이 기드온과 그의 집에 올무가 되니라

하나님의 영광을 가장한 나의 유익

하나님의 은사를 받은 사람은, 자기의 욕심과 무지에 의해서 사탄에게 미혹을 받기 쉽습니다. 그래서 그는 귀한 은사를 받고서 오히려 주님과 멀어질 수 있습니다. 매우 두려운 일입니다.

나도 누구 못지않게 방언기도를 많이 합니다. 사람들과 얘기를 나누는 중에도 방언이 튀어나옵니다. 하나님이 주신 뜨거운 은사입니다. 하지만 긴 세월 동안 이것이 나를 괴롭게 했습니다.

'왜 은사를 받고 나서 오히려 주님과 멀어지는 걸까?'

하나님께 방언과 예언의 은사를 받은 사람도 있고 자기 내면에서 주님이 말씀하시는 것을 듣는 사람도 있습니다. 그런데 그들 중에는 생명으로 인도되는 사람이 있는가 하면 계속 무지함 가운데 머무는 사람이 있습니다. 그리고 그 은사로 인해 나처럼 고통스러워하는 사람들도 있을 것입니다.

은사가 옳다 그르다고 말하는 것이 아닙니다. 또 위험하니 사용하지 말라는 뜻도 아닙니다. 다만, 은사는 받았으나 십자가에서 회개함으로써 죄성이 처리되지 않으면, 그 은사가 오히려 교만의 자리, 반역의 자리로 이끌 수 있음을 말하는 것입니다. 유익을 위해 주신 은사가 오히려 나로 하여금 주님을 떠나게 한다면, 이 얼마나 무서운 일입니까.

은사와 능력이 믿음의 기초가 약한 곳에 세워지면 매우 위험합니다. 기초가 약한 터에 건물을 높이 올리는 것과 같습니다. 그 건물은 언젠가 반드시 심하게 무너져 막심한 피해를 남길 것입니다. 십자가 없이 은사와 능력을 받으면 그야말로 무당과 다를 바가 없습니다. 사탄의 부림을 받는 것입니다.

십자가도 모르면서 은사를 사모하지 말고, 혹여 은사를 받았다면 사용하지 마십시오. 그것은 스스로를 죽음으로 내모는 것이나 같습니다.

나는 아마존에서 17년간 하나님 앞에 목숨을 내놓고 기도했습니다. 매일 전쟁터에서 치열하게 싸우는 군사 같았습니다. 그런데 무엇을 위해 싸웠는가 돌아보면, 하나님이 아니라 나의 영광을 위해 싸웠습니다. 십자가를 몰랐기에 사탄의 부림을 받아 가인의 제사를 드렸고 바벨탑을 쌓은 것입니다. 십자가의 기초가 없는 은사는 이렇듯 남을 살릴지는 모르나 자기 자신은 하루하루 죽어 갑니다.

예수님의 은혜가 내 안에 충만하면, 자녀가 나를 사랑하게 되어 있습니다. 예수님의 크고 넓은 사랑에 자녀가 감동되었기 때문입니다. 그러나 십자가 없이 율법과 은사로 충만하면 자녀가 나를 사랑하지 않습니다. 매일 찔러 대는 가시 때문에 견딜 수 없어 집을 나가 버립니다. 그래서 십자가로 기초를 세우지 않은 신앙은 매우 위험합니다.

빌립의 딸들이 바울 사도가 예루살렘에 올라가면 수족이 결박될 것이라는 예언을 했습니다. 하지만 바울 사도는 위험을 감수하고라도 예수살렘에 가는 뜻을 굽히지 않았습니다. 실제로 빌립의 딸들이 예언한 대로 바울은 예루살렘에 가서 결박되어 옥에 갇히는 수모를 당했습니다. 과연 바울은 성령의 예언을 무시하고 거스른 것일까요? 그렇지 않습니다.

우리는 성령의 예언을 '하나님의 영광'이 아닌 '나의 유익'을 위해서 이용하고 있지 않습니까? 하나님 나라를 위해 자기 목숨조차 아까워하지 않는 바울의 결단은 나의 유익이 아니라 하나님의 영광을 위한 것이었습니다.

바울은 빌립의 딸들의 예언을 '환난과 결박이 기다리고 있으니 올라가지 말라'로 해석한 것이 아니라, '환난과 결박이 기다리고 있으니, 단단히 준비하고 올라가라'로 해석했습니다. 나의 유익이 아니라 하나님의 영광을 위한 해석을 한 것입니다. 우리가 예언의 은사를 사용하는 것과 어떻게 다른지 알겠습니까?

하나님의 영광이 아닌 나의 유익을 위해 은사를 사용하면 미혹을 받아 넘어질 수밖에 없습니다.

자기 자랑은 사탄이 들어오는 문

많은 사람들이 나한테 이렇게 말합니다.

"선교사님, 병까지 얻었으니 이제 아마존에 가지 마세요."

하지만 나는 죽음이 두렵지도 않고 별로 관심도 없습니다. 오히려 '죽으면 얼마나 좋을까' 하고 소원합니다. 하루라도 빨리 주님께 가고 싶습니다.

지상낙원이라고 일컬어지는 하와이나 갈라파고스 제도 같은 곳에 가고 싶지요? 하지만 그것과는 비교도 할 수 없이 좋은 천국은 왜 가고 싶지 않습니까? 내가 그토록 사모한 주님이 계신 곳에 갈 수 있는데 어떻게 죽음을 사모하지 않을 수 있겠습니까.

만일 죽음이 두렵다면 아직 땅의 것에 미련이 많은 것입니다. 몇 달 뒤 죽을 것이라는 시한부 선고를 받고 슬퍼한다면 나의 신앙이 과연 진짜인가 의심해 봐야 합니다. 그리고 삶을 우상처럼 사랑한 것에 대해 회개해야 합니다.

나는 하나님이 지금까지 나를 살려 두신 것은, 내가 얼마나 무지한 인간인지, 얼마나 악한 인간인지 깨달으라고, 그래서 돌이켜 회개하라고 주신 기회라고 생각합니다. 이것이 내가 지금까지 살아 있는 첫 번째 이유이고, 복음 전파는 그다음입니다.

히스기야는 하나님께 간구하여 생명을 15년 연장 받았으나 차라리 15년 연장 받지 않는 것이 더 좋았을 것이라는 지탄을 받았습니다. 왕궁의 보물창고를 바벨론 사신들에게 자랑함으로써 바벨론의 탐심을 자극했고, 그 기간 동안 유다를 우상숭배로 끌고 간 므낫세를 낳았습니다. 결국 히스기야는 목숨을 연장 받은 15년 동안 온 백성이 바벨론의 포로로 끌려가는 참극의 단초를 마련했습니다.

이처럼 자기 자랑은 사탄이 들어오는 문입니다. 자기 자랑의 뿌리는 교만이기 때문입니다. 하나님께 받은 은사로 인해 자기 자랑에 빠진다면 그 사람의 형편이 이전보다 훨씬 나빠질 수밖에 없습니다.

그러니 내가 더 살아서 뭐 하겠습니까? 내겐 이 땅의 삶에 더 이상 미련이 없습니다. 아직도 하고 싶은 일, 즐기고 싶은 일이 남았습니까? 그렇다면 그것은 자기를 숭배하는 것입니다. 하나님의 영광을 위해 십자가의 고난으로 걸어갈 자신이 있다면 하나님께 오래 사는 것을 구하시기 바랍니다. 그렇지 않다면 천국에 가는 것을 소망하는 삶을 사십시오.

기드온은 300명의 용사로 미디안의 10만 용사를 물리친 뒤 말년에 에봇 우상을 만들어 이스라엘 백성을 음란에 빠지도록 했습니다.

기드온이 그 금으로 에봇 하나를 만들어 자기의 성읍 오브라에 두었더니 온 이스라엘이 그것을 음란하게 위하므로 그것이 기드온과 그의 집에 올무가 되니라(삿 8:27).

기드온이 에봇 우상을 만든 것은, 자기를 높이기 위함입니다. 에봇 우상이란, 제사 때 입는 예복에 갖가지 화려한 보석으로 장식한 것입니다. 기드온이 입는 에봇을 금으로 만든 것입니다.

히스기야와 기드온처럼 훌륭한 사람들도 자기 자랑에 빠져서 이렇게 넘어지는데, 우린들 별수 있겠습니까? 한 가지 다행이라면, 우리는 그들처럼 유명하지 않다는 점입니다. 그게 정말 다행입니다.

중요한 건 은사가 아니라 회개

우리 자아는 여리고보다 더 견고해서 하나님이 철저하게 깨부수지 않으면 언제고 다시 고개를 처들고 나옵니다. 스스로 신이 되고 싶은 마음은 죽을 때까지 깨지기 힘듭니다.

"당신은 대단히 훌륭합니다!"라는 말을 계속 듣다 보면 입에 발린 줄 알면서도 정말 그런 줄 착각하게 됩니다. 그래서 하나님의 능력과 은혜를 많이 받은 사람일수록 말로가 처참한 것을 봅니다.

그러므로 은사를 받았다면 끊임없이 십자가로 나아가야 합니다. 자꾸 자신을 돌아보고 회개하므로 성숙으로 나아가야 합니다. 주님과 교제하는 것이 성숙되지 않으면, 내가 받은 은사 때문에 교만해져서 주님께 버림받게 됩니다. 그러므로 성령의 은사와 능력을, 또는 무슨 큰일 하기를 구하지 마십시오. 먼저 내 마음에 탐심과 욕심을 십자가에서 처리하기를 구하십시오.

예수님은 은혜와 진리가 충만하신 분입니다(요 1:14). 하지만 대부분의 크리스천들은 은혜에만 머물고 진리로 나아가지 못합니다. 진리로 나아가려면 먼저 자기를 부정해야 하는데, 절대로 그러고 싶지 않은 게 우리이기 때문입니다. 자존심을 버리기가 힘이 들기 때문입니다. 수치와 모욕을 기쁘게 당할 수 없기 때문입니다.

> 오직 성령의 열매는 사랑과 희락과 화평과 오래 참음과 자비와 양선과 충성과 온유와 절제니 이 같은 것을 금지할 법이 없느니라 (갈 5:22-23).

이 같은 성령의 열매는 기도만 해선 받을 수 없습니다. 성령의 은사와 능력 안에서도 절대 받지 못합니다. 40일 금식기도해서 받을 수 있는 게 아닙니다.

금식기도하는 동안에는 성령이 충만해서 그 얼굴이 천사같이 빛나고 방언을 하고 예언을 하는 등 그 능력이 대단합니다. 하지만 기도가 끝난 뒤 자존심에 조금만 상처를 줘도 독사가 튀어나와 독을 뿜어냅니다. 40일 금식하는 동안 받은 은혜를 한순간에 사탄에게 빼앗기는 것입니다.

그러므로 은사 위에 집을 짓고자 한다면 모래 위에 집을 짓는 것처럼 위험한 일입니다. 자기가 주인으로 살아 있는 한 은사를 받아도 성령의 열매를 맺을 수 없습니다. 이런 사람들은 순종하지 않습니다. 순종이란 대개 내가 하기 싫어하는 것들입니다. 그래서 하기 싫은 것을 하라고 할 때, 내 속에 있는 본성이 들통납니다. 짜증나고, 신경질 나고, 화가 나는 못된 본성이 들통납니다. 이때 회개의 자리로 나가야 하는데, 은사만 바라는 사람은 회개하기는커녕 '누구 때문에 시험 들었다'며 오히려 남을 탓하고 공격하려 듭니다.

자기 죄가 들통났을 때 십자가의 자리로 나아가 회개하는 사람은 견고한 믿음 위에 집을 짓는 사람입니다. 예수님이란 반석 위에 집을 짓는 사람입니다.

예수 믿다가 바리새인이 되고 아버지의 집만 지키는 맏이가 되는 사람이 많습니다. 왜 그렇습니까? 십자가를 보면 자기 죄가 아니라 남의 죄가 보이기 때문입니다. 자꾸 탓하고 원망하고 비난하게 되는 것입니다. 그러니 그들의 기도는 "주여, 나는 저 죄인과 같지 않고…"라고 자기를 자랑하는 기도가 됩니다. 은사만 바라는 사람은 자기 의 때문에 이런 바리새인이 되기 쉽습니다.

나는 과거에 바리새인이었습니다. "주여 저는 금식기도를 밥 먹듯이 하고 십일조를 드리고 저 죄인과 같지 않습니다" 하고 기도했습니다. 십자가를 통해 진리까지 나아가지 못하면 그 형편이 더 안 좋아지게 됩니다.

내가 만일 바리새인이라면, 나는 예수님을 쳐 죽일 사람입니다. 가인처럼 주님과 동행하는 아벨을 쳐 죽일 수 있습니다. 이세벨처럼 엘리야를 죽이겠다고 눈에 불을 켤 수 있습니다. 십자가의 고난을 기꺼이 지는 사람들을 무시하고 비웃고 조롱할 수 있습니다.

'저 사람은, 예수님을 믿는다면서 왜 만사가 안 풀리지?'

'저 사람은, 교회에 열심히 다닌다면서 자식이 왜 저래?'

'저 사람은, 예수님을 믿는다면서 왜 병들어?'

그러면서 "주님, 제가 저 사람들과 같지 않은 것을 감사합니다"라고 기도합니다. 그들을 통해 자기의 죄가 들통난 줄도 모르고 형통하게 사는 것을 감사하는 것입니다.

그러나 주님의 성령을 받은 사람은 자기 죄가 너무 민망해서 남을 비난할 마음이 없습니다.

"오 주님, 이제 괜찮은 줄 알았더니 여전히 썩어 문드러졌네요. 전적으로 타락했네요. 아주 구제불능입니다. 저는 주님이 없이는 지옥 갈 인생입니다."

세리의 기도가 이랬고 돌아온 탕자의 기도가 이랬습니다. 우리가 세리나 탕자보다 낫습니까? 하나도 낫지 않습니다. 그러므로 우리의 입에서 나올 기도는 이런 것입니다. 죄인으로서 그분의 긍휼을 바라며 나아가는 기도가 되어야 합니다.

성령의 은사와 능력을, 또는 무슨 큰일 하기를 구하지 마십시오.

먼저 내 마음에 탐심과 욕심을 십자가에서 처리하기를 구하십시오.

3.

아무리 노력해도 하나님은 안 보신다

아가서 5:6

내가 내 사랑하는 자를 위하여 문을 열었으나 그는 벌써 물러갔네 그가 말할 때에 내
혼이 나갔구나 내가 그를 찾아도 못 만났고 불러도 응답이 없었노라

문 밖에 선 예수님

우리는 금식기도, 철야기도를 해서라도 신비한 은사를 받아 하늘에도 올라가고, 땅 아래로도 내려가고 싶어 합니다. 나도 그랬습니다. 한때는 매일 철야하고 금식하면서 신비한 은사를 구했습니다. 하나님께 뭘 좀 보여 달라고 졸랐습니다. 하지만 하나님은 신비주의에 휩싸여 하늘로 올라가거나 땅 아래로 내려가지 말라고 하십니다.

> 믿음으로 말미암는 의는 이같이 말하되 네 마음에 누가 하늘에 올라가겠느냐 하지 말라 하니 올라가겠느냐 함은 그리스도를 모셔 내리려는 것이요 혹은 누가 무저갱에 내려가겠느냐 하지 말라 하니 내려가겠느냐 함은 그리스도를 죽은 자 가운데서 모셔 올리려는 것이라(롬 10:6-7).

다만 말씀을 따르라고 하십니다.

> 그러면 무엇을 말하느냐 말씀이 네게 가까워 네 입에 있으며 네 마음에 있다 하였으니 곧 우리가 전파하는 믿음의 말씀이라(롬 10:8).

그렇습니다. 말씀이 우리에게 가까이 있습니다. 그런데도 우리는 신비한 은사만 좇습니다.

그런 나를 깨뜨리기 위해 하나님은 남편을 통해, 자녀를 통해, 이웃을 통해 나의 죄악을 드러나게 하셨습니다. 하지만 그것이 하나님의 경륜임을 깨닫기까지는 오랜 세월이 걸렸습니다. 눈이 감겨서 주님의 간섭인 줄도 모르고 그럴수록 더 금식하고 철야하며 세월만 낭비했습니다.

십자가 없는 열심은 아무것도 변화시키지 못했습니다. 방향이 잘못된 줄도 모르고 땀 흘려 달려갔으니 헛수고만 할 뿐이었습니다. 마치 사랑하는 신랑이 문 밖에서 부를 때 이미 잘 준비를 마쳤다고 주저하는 신부와 같습니다.

> 문을 두드려 이르기를 나의 누이, 나의 사랑, 나의 비둘기, 나의 완전한 자야 문을 열어 다오 내 머리에는 이슬이, 내 머리털에는 밤이슬이 가득하였다 하는구나 내가 옷을 벗었으니 어찌 다시 입겠으며 내가 발을 씻었으니 어찌 다시 더럽히랴마는(아 5:2-3).

신부가 망설이는 사이 신랑은 잠긴 문 사이에 몰약만 묻힌 채 떠나갔습니다. 여기서 몰약은 예수님이 흘린 고통의 피를 상징합니다. 여인이 몰약을 보고 기겁해서 문을 열고 나가 보니 신랑은 이미 떠나고 없었습니다.

여인은 신랑을 찾아 나섰다가 성을 지키는 자들을 만나 그들에게 매를 맞고 겉옷을 빼앗깁니다(아 5:7). 성을 지키는 자들은 율법주의자를 의미합니다. 율법주의자에게선 위로를 기대할 수 없습니다. 책망과 정죄만 있을 뿐입니다.

'이미 옷을 벗었고 발을 씻었다'는 여인의 말은 오늘날 크리스천들이 '나는 이미 주님으로부터 죄사함의 구원을 받았으니 자신을 부인하라, 그리스도를 본받으라 같은 요구를 하지 말라' 하는 것과 같습니다. 죄사함과 구원 받은 것으로 충분하니 더 이상 나를 찾지 말라는 거절의 메시지인 것입니다.

주 예수 대문 밖에 기다려 섰으나
단단히 잠가 두니 못 들어오시네
나 주를 믿노라고 그 이름 부르나
문 밖에 세워 두니 참 나의 수치라
문 두드리는 손은 못 박힌 손이요
또 가시 면류관은 그 이마 둘렀네
이처럼 기다리심 참 사랑이로다
문 굳게 닫아 두니 한없는 내 죄라
_ 새찬송가 535장

나도 금식하고 철야하며 주님을 문 밖에 세워 두기만 했습니다. "문을 열어 다오"라고 주님이 아무리 문을 두드려도 "주님, 저를 건드리지 마세요. 저도 할 만큼 했다구요" 하며 거절한 것입니다. 십자가가 없는 사랑은 이렇게 이기적이고 자기중심적입니다.

멸시와 천대와 낮아짐의 은혜

내게는 특별한 은사가 있습니다. 소위 말하는 투시의 은사입니다. 사람이나 상황을 위해 기도하다 보면 어떤 일이 벌어질지, 누가 어떤 반응을 보일지가 느껴집니다. 나는 이 은사를 이용해서 선교를 참 잘도 했습니다. 선교 현장에서 돈이 필요하면 누군가를 골똘히 생각하며 기도하는 겁니다. 그러면 그 사람이 정말 선교비를 보내오곤 했습니다. 이런 경험을 여러 번 했습니다.

그렇게 헌금을 받아서 아마존 정글에 예배당과 건물들을 합쳐 17개 동 규모의 학교를 세웠습니다. 나는 그것을 순전히 주님의 일을 한 것이라고 생각했습니다. 그런데 하나님은 "너, 선교비 도둑질 좀 그만해라" 하셨습니다. 그 능력을 사용하지 말라하신 것입니다. 하지만 나는 그때마다 못마땅해서 "주님, 도와주시지는 못할망정 방해하지 마세요" 하면서 불순종했습니다. 내가 일해 드릴 테니 주님은 가만히 계시라며 기고만장했습니다.

하지만 병을 얻고 지난날의 죄를 낱낱이 회개하고 보니 그것은 사탄의 짓이었습니다. 학교 건물을 짓고 가시적인 성과가 나타날수록 나는 사람들한테는 인정받았지만 하나님한테는 인정받지 못했습니다.

나를 자랑하고 내 능력을 과시하는 데 빠진 나를 보호할 방법은 징계밖에 없었습니다. 병에 걸리자 나는 순식간에 멸시와 모욕을 받는 낮은 자리로 추락했습니다. 그런데 이렇게 낮아지는 것이 사는 길입니다. 생명을 얻는 길입니다. 질병의 고통으로 인해, 사람들의 따가운 시선으로 인해 내가 겸손해지고 온유해지는 것, 이것이 성령의 역사입니다.

돌아보면, 하나님이 내게 보상으로 주신 것이 주로 멸시와 천대, 낮아짐이었습니다. 이렇듯 하나님의 방법은 사람의 방법과 다릅니다. 그 지혜로우심이, 우리를 향한 사랑이 말로 다할 수 없습니다.

어떤 사람이 내게 "당신 왜 이러는 거야, 당신 바보야?" 하고 고함을 지르며 공격합니다. 곰곰이 생각해 보면 나는 바보가 맞습니다. 깊이 생각해 보면 그것은 주님의 음성입니다. 낯모르는 사람이 내 뺨을 때린다면 그것은 주님이 때리신 것입니다. 정신

좀 차리라고 말입니다. 처음에는 한 대 맞고 혈기를 막 부리지만, 조금 지나 흥분을 가라앉히고 보면, 그것이 주님의 음성이라는 걸 깨닫게 됩니다.

이렇듯 하나님을 아는 사람은 모든 것이 '하나님의 역사'로 이해됩니다. 그러나 십자가를 망하는 것으로 아는 사람은 만사가 '사탄의 역사'로 보입니다. 마음이 청결하면 만사가 깨끗해 보이지만 양심이 썩은 사람은 만사가 더럽게 보입니다. 무엇이 보입니까? 눈에 보이는 그것이 당신의 마음 상태입니다.

창세기를 보면 하나님이 천지를 창조하시기 전에 공허하고 혼돈한 상태라고 했습니다. 우리의 마음도 하나님의 손길이 닿기 전엔 공허하고 혼돈한 상태입니다. 하나님이 말씀으로 "빛이 있으라" 하시니 빛이 창조되었습니다. 공허하고 혼돈한 상태에서 하나님께 회개의 눈물을 흘릴 때 빛의 역사가 나타나게 됩니다. 목이 터져라 부르짖으며 달라 해서는 빛의 역사가 나타나지 않습니다.

그러므로 누군가 자꾸 발목을 붙잡고 싸움을 붙여 오면서 거슬리게 하고 화나게 한다면 소리치지 말고 회개하십시오. 빛의 역사가 나타날 것입니다.

회개해야 오시는 성령

야곱은 얍복 강에 이르러 에서에게 먼저 예물을 보내고 아내와 자녀를 먼저 건너게 하는 등 온갖 술수를 쓰다가 결국 환도뼈를 다치고 나서야 자기를 괴롭힌 것이 에서가 아니라 자기 자신임을 깨달았습니다.

사실 에서가 야곱을 칠 마음으로 군사들을 데리고 왔는지는 성경에 설명이 없으니 알 수 없습니다. 하지만 야곱은 에서가 자신을 죽이러 온다고 생각해서 절망하고 그 난리를 쳤습니다. 정작 야곱을 괴롭힌 원수는 에서가 아니라 회개하지 못한 자기 자신이었습니다. 내가 바로 타락한 죄인임을 인정하면 되는 것인데, 그것을 인정하지 못해 자기 자신을 원수로 만든 것입니다.

야곱이 라헬이 아닌 레아와 결혼한 뒤 그녀를 원수같이 여겼습니다. 아침에 눈을 뜨면 라헬이 아니라 레아가 있는 것이 너무 속상했습니다. 하지만 과연 레아가 야곱의 원수입니까? 그렇지 않습니다. 야곱의 옛사람, 옛 자아가 원수입니다.

선지자 엘리야를 대접한 사르밧 과부는 야곱과 다른 반응을 보였습니다. 사르밧 과부는 아들이 죽자 엘리야에게 이렇게 항변합니다.

그러자 그 여인은 엘리야에게 이렇게 말하였다. "하나님의 사람이신 어른께서 저와 무슨 상관이 있다고, 이렇게 저에게 오셔서, 저의 죄를 기억나게 하시고, 제 아들을 죽게 하십니까?"(왕상 17:18, 새번역)

여인은 하나밖에 없는 아들의 죽음을 앞에 놓고 '내 죄가 생각난다'고 말하고 있습니다. 사람들은 흔히 큰일을 당하면 누군가의 탓으로 돌리고 싶어 합니다. '저 선지자가 기도를 게을리 해서 내 아들이 죽은 거야. 저 선지자가 재앙을 몰고 다니는 거야' 하면서 남을 탓하며 자기를 보호하고 싶어 합니다. 하지만 여인은 엘리야가 온 것이 자기 죄를 깨닫게 하려는 것이라고 말합니다.

맞습니다. 기름 부음 받은 하나님의 선지자가 우리 곁에 있으면 우리의 죄가 폭로됩니다. 그것이 바로 은혜입니다. 내 죄를 기억해 내서 회개하는 것이 은혜입니다. 십자가를 알아보면 내 죄가 낱낱이 드러나서 회개하게 됩니다. 하지만 십자가를 알아보지 못하면 사업이 망하고 일이 잘 안 되는 것이 교회 때문이라고, 사람들 때문이라고 탓하며 교회를 떠나갑니다.

아합이 그런 사람입니다. 엘리야에게 "이스라엘을 괴롭게 하는 자여!" 하면서 당시 3년 반 동안 비가 오지 않은 것이 엘리야 때문이라고 욕했습니다. 자기 죄가 도무지 깨달아지지 않는 것입니다.

아들이 사춘기를 지나며 때마다 일마다 나를 괴롭게 했을 때 나는 내 죄가 깨달아지지 않았습니다. 오히려 아들과 환경을 탓하고 하나님을 원망했습니다. 하루는 "하나님, 아들 때문에 미치겠어요. 왜 그대로 두시는 거예요!" 하자 하나님이 이렇게 말씀하셨습니다.

"너는 아들보다 더해."

아들이 원수같이 미웠지만 사실 원수는 나 자신이었습니다. 어떻게 해도 깨지지 않는 나의 옛 자아였습니다. 그 사실을 깨닫고 회개하니까 아들이 달라졌습니다. 이후로 누구를 만나든지 그 사람의 단점이나 부족한 점이 보이면 나는 이렇게 기도합니다.

"주님 저는 더한 사람입니다!"

어떤 분이 전화를 걸어 와서 한참 동안 한탄을 했습니다. 나는 그분에게 이렇게 말했습니다.

"집사님, 하나님은 절대로 문제를 해결해 주시지 않을 것입니다. 이 문제를 통해 집사님이 자기 죄를 깨닫고 진심으로 회개하기 전까지는 절대로 해결해 주시지 않을 것입니다."

이 말을 듣고 그분이 위로를 얻었을까요? 전혀 아닙니다. 그럼에도 나는 얻어맞을 각오로 이렇게 말합니다. 그분으로선 내 말을 듣고 낙심이 되었겠지만, 그것이 하나님의 음성입니다. 회개함으로 하나님의 지혜를 배우라고 부르시는 것입니다.

하나님은 문제를 해결해 주시는 분이 아닙니다. 하나님은 그 문제를 통해 자기 죄를 깨달아 진심으로 회개하는 자에게 성령을 보내 주시는 분입니다. 성령이 임하면 하나님의 지혜로 문제를 해결할 길이 보입니다.

존귀하나 깨닫지 못하는 사람은 멸망하는 짐승 같도다(시 49:20).

하나님의 책망과 권면을 듣고도 깨닫지 못하면 멸망하는 짐승 같다고 하십니다. 십자가의 메시지를 듣기 싫어하는 사람은 멸망하는 짐승과 같습니다. 하나님은 우리가 하나님의 권면을 듣고 죄를 깨달아 돌이키면 성령으로 지혜를 주셔서 우리와 연합하십니다. 이것이 진리입니다.

오늘 내가 싫어하는, 분노하는, 속상해하는 그것이 무엇입니까? 그것이 그 사람 때문이 아니라 나 때문임을 깨달으십시오. 원수는 바로 나 자신임을 깨달아 회개하십시오. 그러면 하나님이 평안을 주실 것입니다. 혼돈 가운데 있는 내 심령에 빛을 창조하실 것입니다.

하나님은 "주님, 제가 죄인입니다" 하는 고백을 가장 기뻐하십니다. 이 제사 외에는 받아 주시지 않습니다.

금식하고 철야하며 세월만 낭비했습니다.
십자가 없는 열심은 아무것도 변화시키지 못했습니다.
방향이 잘못된 줄도 모르고 땀 흘려 달려갔으니 헛수고만 할 뿐이었습니다.

나도 부족한데 누구를 정죄하겠습니까?

온전함을 이루지 못했다고 자책하지 마십시오.

그로 인해 겸손해질 수 있다는 사실에 기뻐하십시오.

내가 완전히 깨지는 것은 주님이 하시는 일입니다.

3부.

기쁨의 멍에

"나를 깨뜨린 자리에 예수님이 오셨습니다"

1.

예수 믿는다고 죄성이 사라지지는 않는다

마태복음 13:47-48

또 천국은 마치 바다에 치고 각종 물고기를 모는 그물과 같으니 그물에 가득하매 물가로 끌어 내고 앉아서 좋은 것은 그릇에 담고 못된 것은 내버리느니라

내가 깨지는 것은 주님이 하시는 일

> 극히 값진 진주 하나를 발견하매 가서 자기의 소유를 다 팔아 그
> 진주를 사느니라(마 13:46).

내가 예수 믿고 나서 가장 사랑한 말씀입니다. 모든 것을 주님
께 드리고 싶은 내 마음을 가장 잘 표현한 말씀이라 생각해서입
니다. 그런데 생각처럼 내 모든 것을 주님께 드릴 수 없더군요.
가장 어려운 게 돈이었습니다.

얼마 전에 남편의 신학교 동문인 장로님을 만났습니다. 이분은
신학교를 졸업했으나 목회가 아닌 사업을 크게 하시는 분이었습
니다. 그런데 거기에 대한 미련과 아픔이 큰 모양이었습니다. 그
래서 내가 이렇게 말했습니다.

"장로님, 그렇게 목회하지 못한 것이 안타깝다면 선교지에 교
회를 지어서 봉헌하십시오."

내 말에 장로님은 몹시 당황했습니다. 그런데 그런 장로님을
보면서, 나 역시 그럴 수 없는 연약한 존재라는 사실을 발견하고
는 깜짝 놀랐습니다. '만일 주님이 내가 가진 소유를 다 털어 봉
헌하라 하면 과연 순종할 수 있을까?' 하는 생각이 든 것입니다.
그때 나는 몸으로는 헌신하고 싶으나 돈은 헌물하고 싶어 하지

않는 우리의 본성을 발견했습니다.

지금도 나는 헌금하려고 하면 손이 오그라듭니다. 아까운 거지요. 나도 모르게 수중에 들어온 돈을 내 것으로 착각하고 있는 겁니다. 언제쯤에야 이 물질에서 자유로울 수 있을까요?

나는 지금 여러분께 헌금을 드리라는 얘기를 하는 게 아닙니다. 장로님이나 나처럼 물질에서 자유롭지 못한 자신을 발견하는 것이 중요하다는 얘기를 하는 겁니다. 그러면 적어도 내 어리석음 때문에 겸손할 수 있으니까요.

우리는 연약한 존재라서 기쁘고 감사합니다.

그 이유는 첫째, 우리가 연약하지 않다면 결단코 겸손해질 수 없기 때문입니다. 내 연약함을 알아야 남의 연약함을 보고 판단하지 않습니다. 나도 부족한데 누구를 정죄하겠습니까?

둘째는, 비록 우리가 한없이 연약한 존재이지만, 여전히 부족하고 어리석지만, 그런 우리를 용서해 주시는 주님이 있기 때문입니다. 그런 주님을 의지할 수 있으니 너무 감사하고 행복합니다. 그러니 온전함을 이루지 못했다고 자책하지 마십시오. 그로 인해 겸손해질 수 있다는 사실에 기뻐하십시오.

그리고 내가 완전히 깨지는 것은 주님이 하시는 일입니다. 주님이 임재하셔야만 완전히 깨질 수 있습니다.

그러므로 나의 연약함을 발견했을 때, 혹은 어떤 시험을 만났을 때, 내가 어떤 반응을 보이든 버릴 것이 하나도 없습니다. 내가 그 시험을 이겼으면 그로 인해 하나님께 영광이 될 것이고, 반대로 내가 그 시험에 졌으면, 그로 인해 겸손해질 수 있기 때문입니다.

문제는 시험에 들었을 때 사탄이 자꾸 정죄해서 죄책감을 느끼는 것입니다. 만일 사탄이 계속해서 "너 그랬지?" 하면 "그래, 내가 그랬다. 어쩔래?" 하고 반응하십시오. 그러면 사탄이 꼬리를 감추고 도망갑니다. 하나님 앞에서도 그렇게 인정하고 긍휼을 구하시면 됩니다.

> 이러한 사람은 네가 아는 바와 같이 부패하여 스스로 정죄한 자로서 죄를 짓느니라(딛 3:11).

스스로 정죄하는 것은 죄를 짓는 것이라고 합니다. 왜냐하면 '주님의 몸'을 정죄하는 것이기 때문입니다. 그러므로 시험에 졌더라도 정죄하지 마십시오. 오히려 정죄하는 사탄에게 대항하십시오.

권세, 다 버려야 얻는 것

마태복음에는 값비싼 진주를 발견한 상인의 비유와 함께, 농부가 밭을 갈다가 보화를 발견한 비유가 나옵니다. 여기서 보화는 '예수님'을 가리킵니다. 그래서 사도 바울은 보화인 예수님을 얻기 위해 자기의 모든 것을 배설물로 여긴다고 했습니다.

당신은 어떻습니까? 예수님이 보화임을 발견했습니까? 그래서 사도 바울처럼 내가 가진 모든 것을 배설물로 여기게 되었습니까?

> 천국은 마치 밭에 감추인 보화와 같으니 사람이 이를 발견한 후 숨겨 두고 기뻐하며 돌아가서 자기의 소유를 다 팔아 그 밭을 사느니라(마 13:44).

'자기의 소유'란 어떤 사람에게는 돈일 것이고, 어떤 사람에게는 자존심일 것이고, 어떤 사람에게는 남편과 자녀일 것입니다. 말씀은 자신이 소중히 여기는 모든 것을 내놓고 예수님을 얻으라고 말합니다. 사람들은 이 말씀을 몹시 불편해합니다. 돈을 내놓기 싫어서, 자존심을 내놓기 싫어서, 남편과 자녀를 내놓기 싫어서 그런 것입니다.

그러나 주님은 우리가 소중히 여기는 그것을 내놓으면 '보화'로 바꿔 주겠다고 하십니다. 마치 어릴 때 '두껍아, 두껍아, 헌 집 줄게, 새집 다오' 하던 놀이와 같습니다. 주님이 새로 주실 것에 비하면 우리가 내놓는 것은 곧 쓰러져 없어질 헌 집에 불과합니다. 그런데도 우리는 너무 무지해서 헌 집을 내놓으려 하지 않습니다. 사실 드리나 안 드리나 다 주님 것인데, 그리고 언젠가는 다 빼앗길 것인데 욕심을 버리지 못합니다.

사실 이 소유를 다 팔기까지는 일생이 걸릴 겁니다. 나의 옛 자아를 죽는 날까지 버려야 하니까요.

그러므로 마음을 다해 얼른 내어 드리는 것이 좋습니다. 내가 그렇게 주인 된 것을 내어 놓으면 나머지는 주님이 이루어 가십니다. 내 삶을 새롭게 창조하십니다.

또 천국은 마치 바다에 치고 각종 물고기를 모는 그물과 같으니 그물에 가득하매 물가로 끌어내고 앉아서 좋은 것은 그릇에 담고 못된 것은 내버리느니라(마 13:47-48).

예수님을 얻었다면 모든 것을 얻은 것입니다. 전능하신 창조주를 얻었으니 당연합니다. 자기 소유를 주님께 다 드린 사람에게 주어지는 왕권이요, 권세입니다. 그 권세는 '좋은 것은 그릇에 담고, 못된 것은 내버리는' 심판에 동참하는 것입니다.

> 또 내게 지팡이 같은 갈대를 주며 말하기를 일어나서 하나님의 성
> 전과 제단과 그 안에서 경배하는 자들을 측량하되 성전 바깥 마당
> 은 측량하지 말고 그냥 두라 이것은 이방인에게 주었은즉 그들이
> 거룩한 성을 마흔두 달 동안 짓밟으리라(계 11:1-2).

하나님의 교회에, 성도에게 '성전을 측량하는' 권세를 주신다
하십니다. 소돔과 고모라를 심판하실 때도 "내가 하려는 것을 아
브라함에게 숨기겠느냐"(창 18:7) 하셨습니다. 아브라함에게 그런
권세가 있었다는 의미입니다.

> 예수께서 이르시되 그러므로 천국의 제자된 서기관마다 마치 새
> 것과 옛것을 그 곳간에서 내오는 집주인과 같으니라(마 13:52).

자기 소유를 주님께 다 내어 드린 사람은 천국의 제자 된 서기
관으로서 살게 된다고 합니다. 다시 말해 옛것과 새것을 곳간에
서 내어 오는 집주인과 같이 된다고 합니다. 하나님의 감춰진 비
밀이 그들에게서 나온다는 말입니다. 곧 '말씀의 권세자'가 된다
는 의미입니다.

이렇듯 하나님 나라를 사랑하고 그 나라를 위해 목숨을 아끼지 않는 사람들에게 하나님은 이 같은 권세를 주셔서 그의 나라와 그의 집, 그의 자녀들을 섬기게 하십니다.

예수님의 멍에가 쉬운 이유

다 버리는 게 어렵습니까? '예수님 믿기가 왜 이렇게 어려운 거야' 하는 생각이 듭니까? 하지만 성경은 예수 믿는 일이 어렵다고 하지 않습니다.

> 수고하고 무거운 짐 진 자들아 다 내게로 오라 내가 너희를 쉬게 하리라 나는 마음이 온유하고 겸손하니 나의 멍에를 메고 내게 배우라 그리하면 너희 마음이 쉼을 얻으리니 이는 내 멍에는 쉽고 내 짐은 가벼움이라 하시니라(마 11:28-30).

성경은 오히려 "내 멍에는 쉽고 내 짐은 가벼움이라" 하면서 예수 믿는 일이 쉽다고 합니다. 그러면 하나님이 거짓말하시는 겁니까? 그럴 리가 있습니까?

만일 우리가 예수 믿지 않고 산다고 해서 짐이 가벼워질까요?

내 마음대로 살면 인생이 뜻하는 대로 흘러갈까요? 그렇지 않다는 것을 우리는 잘 압니다. 예수님은 "날마다 우리 짐을 지시는"(시 68:19) 분이라고 시편 기자는 말했습니다.

그런데 그리스도와 연합해서 죽음에 들어간 사람은 짐이 무거운지 가벼운지 알지 못합니다. 만일 그 짐이 무거운지 가벼운지를 느낀다면 아직 안식에 들어간 것이 아닙니다. 여전히 자기 짐을 자기 것으로 여기는 사람은 안식에 들어갈 수 없습니다.

> 그의 계명들은 무거운 것이 아니로다 무릇 하나님께로부터 난 자마다 세상을 이기느니라(요일 5:3-4).

성경은 이렇듯 예수 믿는 일이 어렵지 않다고 말합니다. '하나님께로부터 난 자마다 세상을 이기기' 때문입니다.

아담의 생명을 끊고 그리스도의 생명으로

사실 처음에는 내 나약함이 드러나지 않을 수도 있습니다. '하나님 믿는 게 뭐 이렇게 힘든가' 하는 생각조차 들지 않습니다. 하나님은 초신자에게 은혜를 주시기 때문입니다. 그 은혜는 우리의 어떠함과 전혀 무관합니다. 이 은혜의 시간은 사람에 따라 몇 년이 되기도 하고 몇 십 년이 걸리기도 합니다.

이때 하나님은 우리의 죄악된 본성을 내버려두십니다. 아직 신앙이 너무 어려서 책망하고 징계하고 심판하면 고꾸라져 하나님을 떠날까 봐 내버려둔 채 은혜 가운데 살게 하시는 것입니다.

금식하고 철야하고 찬양하며 이제 하나님 없이는 살 수 없다고 하나님의 사랑에 흠뻑 빠졌을 때 하나님은 진리의 세계로 인도하기 시작하십니다. 우리를 날마다 책망하고 징계하고 심판해서 내 죄악이 터져 나오게 하시는 것입니다. 참으로 고통스러운 시간이 아닐 수 없습니다. 아담의 생명을 끊고 예수의 생명으로 이끄는 연단의 시간이기에 고통스러울 수밖에 없습니다.

그러나 책망을 받는 모든 것은 빛으로 말미암아 드러나나니 드러나는 것마다 빛이니라(엡 5:13).

우리가 판단을 받는 것은 주께 징계를 받는 것이니 이는 우리로 세상과 함께 정죄함을 받지 않게 하려 하심이라(고전 11:32).

나도 처음 예수 믿고 나서 주님이 끓는 물에 들어가라면 들어갈 정도로 정말 뜨겁게 은혜의 시간을 살았습니다. 그러다 지금까지 연단의 시간을 살고 있습니다. 진리의 세계로 점점 더 깊이 들어가고 있는 것입니다.

예수 믿는다고 내 안의 죄가 사라지는 것이 아닙니다. 연단의 불을 지나며 아담의 원죄, 조상들의 범죄, 부모의 범죄, 나의 범죄를 처리해야 아담의 생명이 끊어지게 됩니다. 이것은 새롭게 창조되기 위해 어쩔 수 없습니다.

만일 가족 중에 처음 믿는 사람이라면 그 누구보다 헌신을 많이 드려야 합니다. 그는 자신의 구원뿐 아니라 가족과 대를 이어 신앙을 전수하는 모범이 되어야 하기 때문입니다. 그동안 조상 대대로 누적해 온 죄의 문제를 그가 처음으로 다루어야 하기 때문에 더 그렇습니다. 말로 다할 수 없는 뜨거운 불의 연단으로 들어가게 됩니다.

나는 하나님을 제대로 알지 못했을 때도 내가 물려받은 죄의 습관이 자녀에게 흘러가지 않기를 바랐습니다. 그럴 수만 있다면 죽기까지 헌신하고 싶었습니다. 부모는 누구든지 자녀의 죄의 문제까지 책임지는 사람입니다. 그것은 부모가 져야 할 십자가입니다. 이 사실을 분명하게 아는 것이 중요합니다. 그래서 나는 사람들에게 권면할 때 이런 말을 자주합니다.

"자녀를 생각해서라도 그러지 마십시오."

내가 죄된 삶을 살면 내 자녀가 그것을 지불하게 됩니다. 자녀에게 믿음이 아니라 죄를 물려주는 것입니다. 그래서 오늘 미혹을 받아 넘어지고 싶더라도 순종하기를 힘써야 합니다. 자녀에게 나의 죄성을 물려줄 수 없기 때문입니다.

> 내가 오늘 하늘과 땅을 불러 너희에게 증거를 삼노라 내가 생명과 사망과 복과 저주를 네 앞에 두었은즉 너와 네 자손이 살기 위하여 생명을 택하고(신 30:19).

> 오직 나와 내 집은 여호와를 섬기겠노라(수 24:15).

내가 사망과 저주와 화를 택할 때, 즉 내 마음을 완고한 대로 내버려두고 고집스러운 대로 내버려두면 그것이 자손 세대까지 내려간다는 것입니다. 실제로 자녀를 보면 그 부모를 알 수 있습니다. 이제 우리는 아담호가 아니라 그리스도호로 배를 갈아타야 합니다.

아담호 사람들은 언제나 남 탓하기 바쁩니다. 내가 기쁘게 살 수 없는 건 남편 때문이요 아내 때문이요 자녀 때문이라고 남을 탓하는 것입니다. 그러나 그리스도호 사람들은 부족한 남편과 아내, 자녀를 보고 내가 아직 예수님 안에서 온전한 사랑을 이루지 못했다고 자기 죄를 발견합니다. 그들의 부족함을 보고 내 탓이라며 마음 아파합니다.

불쑥불쑥 '저 마누라 때문에, 저 남편 때문에, 저 자식 때문에, 정말 힘들다' 하는 마음이 튀어나온다면 '내가 더 깨져야겠구나, 심히 변화되어야겠구나' 하고 주님께 고백하고 회개의 자리로 돌아가면 됩니다.

그리스도와 연합해서 죽음에 들어간 사람은 짐이 무거운지 가벼운지 알지 못합니다.

만일 그 짐이 무거운지 가벼운지를 느낀다면 아직 안식에 들어간 것이 아닙니다.

여전히 자기 짐을 자기 것으로 여기는 사람은 안식에 들어갈 수 없습니다.

2.

피할 길을 구하는 건 어린아이 신앙이다

베드로전서 2:21

이를 위하여 너희가 부르심을 받았으니 그리스도도 너희를 위하여 고난을 받으사 너희에게 본을 끼쳐 그 자취를 따라오게 하려 하셨느니라

가난한 자 같으나 모든 것을 가진 자

나는 나사렛에 살던 예수님을 묵상하곤 했습니다. 높은 기온과 습도에 벌레가 기승을 부리는 아마존에서 살 수 있었던 것도 나사렛에서 살던 예수님을 묵상했기 때문입니다. 어떤 환경도 예수님보다 더 열악할 수 없습니다.

생각해 보십시오. 예수님은 어린 나이에 아버지를 잃고 소년 가장이 되신 분입니다. 홀어머니에 동생들도 많았으니 하루 종일 일하지 않으면 먹고살기가 빠듯했을 것입니다. 가난한 데다 예수님은 얼굴도 못생겨서 볼품이 없었습니다.

마른 땅에서 나온 뿌리 같아서 고운 모양도 없고 풍채도 없은즉 우리가 보기에 흠모할 만한 아름다운 것이 없도다(사 53:2).

가난하고 배운 것도 없고 못생긴 외모에 가족의 생계를 책임 져야 하는 무거운 짐까지… 예수님은 어느 것 하나 내세울 게 없는 환경에서 살았습니다. 누구든지 이런 환경에서 자라면 열등감과 자격지심이 괴롭히게 됩니다.

젊은 예수를 생각해 보십시오. 혈기왕성한 청춘이니 하고 싶은 것도 많고 나서고 싶은 욕구도 컸을 것입니다. 우리 같았으면 국

민족 영웅이요 스타가 되어 온갖 인기와 부를 누렸을 것입니다.

하지만 예수님은 볼품없이 척박한 환경에서도 묵묵히 살아가셨고 혈기왕성한 청춘도 묵묵히 누그러뜨리며 사셨습니다. 하나님으로서의 능력을 당신을 위해 단 한 번도 사용하신 적이 없습니다. 자기 체면을 좀 세워 달라고 요구하신 적도 없습니다. 그럼에도 성경을 보면 예수님이 '절망했다'거나 '하나님을 원망했다'는 기록이 없습니다. 이유는 단 한 가지, 우리에게 본을 보이기 위해 그랬습니다.

그렇다면 우리가 어떤 환경에 있든지 불평하고 원망하고 좌절해선 안 됩니다. 우리 인생이 적어도 예수님보다 나으니까요. 예수님이 우리에게 본을 보이기 위해 그렇게 사셨으니까요. '내가 가난하다', '못 배웠다', '못생겼다', '굴욕을 당했다', '상처를 받았다'… 어떤 것도 핑계 댈 것이 없는 것입니다. 예수님이 얼마나 모멸을 받으셨는지, 멸시를 받으셨는지, 낮아지셨는지 우리는 상상할 수가 없습니다.

그는 멸시를 받아 사람들에게 버림받았으며 간고를 많이 겪었으며 질고를 아는 자라 마치 사람들이 그에게서 얼굴을 가리는 것같이 멸시를 당하였고 우리도 그를 귀히 여기지 아니하였도다(사 53:3).

그럼에도 예수님은 하나님을 사랑하는 충만함과 기쁨으로 모든 시험과 고통을 통과해서 사탄에게 승리하셨습니다. 그것도 십자가의 어리석음과 약함으로 자기의 기본적인 권리조차 주장하지 않고 승리하셨습니다.

그리스도께서 약하심으로 십자가에 못 박히셨으나 하나님의 능력으로 살아 계시니 우리도 그 안에서 약하나 너희에게 대하여 하나님의 능력으로 그와 함께 살리라(고후 13:4).

어떻습니까? 예수님의 길을 좇는 것은 이런 것입니다. 나를 완전히 포기해야 하는 것입니다. 인간으로서 기본적인 대우까지 포기해야 하는 것입니다. 회사에서 섭섭한 일을 당하면 자기의 기본 권리를 내세우며 목소리를 높이고 싶을 것입니다. 하지만 크리스천은 그리스도를 얻기 위해 끝없이 무릎을 꿇으며 모든 권리를 포기하는 사람입니다. 그 마음에 십자가의 심지가 심겨진 사람이기 때문입니다. 끊임없이 낮아지나 당당하고 관대한 사람, 이런 사람은 가만히 있어도 빛이 납니다. 이런 사람은 어느 누구도 함부로 대할 수 없습니다.

예수님이 정말 능력이 없어서 돌아가셨습니까? 예수님이 부족해서 십자가를 지셨습니까? 아닙니다. 하나님의 뜻을 이루기 위해 모든 권한을 버리고 순종하신 것입니다. 부활할 것을 믿음으로 순종하신 것입니다.

주님의 성품으로 새롭게 태어나게 하실 것을 믿음으로 우리 역시 담대하게 고난에 동참해야 할 것입니다.

십자가의 도를 아는 자의 내공

주 여호와께서 학자들의 혀를 내게 주사 나로 곤고한 자를 말로 어떻게 도와줄 줄을 알게 하시고 아침마다 깨우치시되 나의 귀를 깨우치사 학자들같이 알아듣게 하시도다(사 50:4).

'나의 귀를 깨우치사 학자들같이 알아듣게 하신다'고 했습니다. (여기에서 학자는 학습자, 즉 배우는 자로도 번역됩니다. NASB 성경은 학자를 제자, 학습자를 뜻하는 'disciples'로 번역하기도 했습니다.) 우리가 십자가의 메시지를 들을 수 있는 것은 하나님께서 '학자의 귀와 학자의 혀'를 주셨기 때문입니다. 나를 부인함으로 그리스도와 연합하는 것이 십자가의 길임을 알아듣는 이유도 마찬가지입니다. 그 길은 미련하고 어리석은 길이기 때문에 어느 누구도 가고 싶어하지 않는 길입니다. 그래서 하나님께서 알려 주셔야 알 수 있습니다.

주 여호와께서 나의 귀를 여셨으므로 내가 거역하지도 아니하며 뒤로 물러가지도 아니하며(사 50:5).

하나님이 선택하여 훈련하신 자만이 미련하고 어리석은 십자가의 길을 생명으로 알아듣고 갈 수 있습니다. 거역하지도, 물러서지도 않고 묵묵히 십자가의 길을 걸을 수 있습니다. 마치 2천 년 전에 이 땅에 오신 예수님처럼 말입니다.

나를 때리는 자들에게 내 등을 맡기며 나의 수염을 뽑는 자들에게 나의 뺨을 맡기며 모욕과 침 뱉음을 당하여도 내 얼굴을 가리지 아니하였느니라(사 50:6).

학자의 혀를 받았고 학자같이 알아듣게 된 성도는 이제 십자가의 도를 자기 삶에서 직접 경험하게 됩니다. 나를 때리는 자에게 등을 맡기고 수염을 뽑는 자에게 내 뺨을 맡기는 것입니다. 얼마나 약하고 미련한 모습인지 모릅니다. 하지만 우리는 말씀에 따라 우리를 때리는 자들이 있으면 "하나님, 이 사람이 말하는 것이 맞습니다" 하고 고백해야 합니다. 이것이 십자가에서 죽는 일입니다. 이 세상에 대하여 죽고, 십자가에 못 박히는 일입니다. 우리의 반응이 여기까지 자라야 합니다.

이렇게 자기 죽음을 합당하게 여기는 자에게 죽음의 사자도 어쩔 수 없이 길을 내줍니다. 하지만 "네가 뭔데 나를 때려?" 하면 죽음의 사자가 길을 막아섭니다. 생명의 길이 막히는 것입니다.

가장 고난도의 시험은 억울하게 오해 받는 것입니다. 누군가 내가 하지도 않은 일을 했다며 몰아세운다고 생각해 보십시오. 그것도 한 사람이 아니라 떼를 지어 공격해 오면 기분이 어떻겠습니까? 예수님을 십자가에 매달 때도 무리가 몰아세웠습니다.

하지만 무리에 에워싸여 오해 받고 모욕 받고 능욕당한 뒤 예수님은 부활했습니다. 그러므로 무리가 나를 에워싸고 '미치광이다, 강도다' 할 때 '내가 부활할 날이 가까웠구나' 하고 기뻐하십시오.

예수님이 겟세마네 동산에서 하신 기도와 십자가에 달렸을 때 하신 기도, 제자들에게 가르쳐 주신 기도를 잊지 마십시오. 그 기도가 우리가 할 기도입니다. 우리는 예수님이 걸으신 길을 따라 일생 동안 걷게 될 것입니다. 그때 예수님이 하신 기도를 하며 지나가야 합니다. 그렇지 않으면 영광스럽고 찬란한 부활의 빛을 알 수 없습니다.

'나의 수염을 뽑는 자들에게 나의 뺨을 맡기는 것'은 아주 내 체면을 땅에 떨어뜨려 짓밟겠다는 것입니다. 그런데 누가 그럽니까? 우리의 자녀가 그리고 남편(아내)이 그럽니다. 그들이 나를 함부로 대하고 무시하고 모독하고 능멸합니다. 그때 어떻게 해야 합니까?

"주여, 내가 무엇을 심었기에 이 아이가 성장해서 나를 이렇게 힘들게 합니까? 그러나 하나님 그럴지라도 사랑으로 받게 하셔서 저 아이도 구원 받고 나도 이 사슬에서 풀어 주시옵소서."

이렇게 기도하면 됩니다. 배우자가, 자녀가 나를 대적할 때 나 역시 대적하면 다 망하는 겁니다. 한 사람이라도 희생하고 한 사람이라도 십자가의 길로 가야 마침내 그 가정에 구원이 임하게 됩니다. 십자가 희생 없이는 어느 누구도 주님께 돌아올 자가 없습니다.

십자가의 길을 가는 사람은 자녀와 배우자로부터 모욕과 침 뱉음을 당하여도 내 얼굴을 가리지 않습니다. 즉 그 슬픔을, 그 고통을 피하지 않습니다. 오히려 이를 통해 주님께 복종합니다. 그럴 때 '자기 의'가 죽고 '그리스도의 의'가 나오게 됩니다.

주 여호와께서 나를 도우시므로 내가 부끄러워하지 아니하고 내 얼굴을 부싯돌같이 굳게 하였으므로 내가 수치를 당하지 아니할 줄 아노라(사 50:7).

십자가의 도를 전하는 사람을 주님이 도우십니다. 혹여 비방하는 사람을 만나더라도 하나님이 그의 얼굴을 부싯돌같이 굳게 해 주셔서 그들의 비방을 다 이기게 하십니다. 그들이 나를 모욕해 도 나는 환한 얼굴로 그들을 사모하고 섬김으로써 그들의 영혼을 사망의 줄에서 끊어 주님께 돌아오게 합니다. 생명의 통로가 되 는 것입니다. 나의 내적 인격, 신앙의 내공이 이렇게까지 강건해 지는 것입니다.

폐암 말기 환자인 내가 노래를 부르려면 평소보다 호흡을 크게 해야 하므로 힘이 듭니다. 폐뿐 아니라 온몸이 아픕니다. 하지만 찬양하는 것이 내 생명이고 기쁨이니까 더 크게 소리를 냅니다. 살고자 하는 자는 죽고, 죽고자 하는 자는 살게 될 줄 믿습니다.

나를 의롭다 하시는 이가 가까이 계시니 나와 다툴 자가 누구냐 나와 함께 설지어다 나의 대적이 누구냐 내게 가까이 나아올지어 다(사 50:8).

가인이 아벨을 때려죽인 것처럼, 악이 우리를 때려죽이고, 핍 박하고 고난을 줄 때, 그때 비로소 그리스도의 의가 나타납니다. 그러므로 누군가 나를 핍박하고 무시하고 비난할 때 자존심을 내 세우며 같이 맞서면 그리스도의 의가 나타나는 것을 방해하는 것 입니다. 그런 어리석은 자가 되어선 곤란합니다.

"주님, 이 환난이 싫습니다. 피할 길을 주세요"라고 기도하지 마십시오. 그것은 코나 질질 흘리며 고작 돌부리에 넘어져서는 대성통곡하는 어린아이 같은 신앙입니다. 십자가의 도를 깨닫고 삶으로 살아 내는 사람은 환난을 피하지 않고 넘어가게 해달라고 기도합니다. 그런 사람에게 하나님은 성령을 보내셔서 연합하십니다.

십자가에 나를 못 박으면 주님이 나를 의롭다 하십니다. 하지만 그렇지 않으면 절대로 주님의 의를 덧입을 수 없습니다.

> 보라 불을 피우고 횃불을 둘러 띤 자여 너희가 다 너희의 불꽃 가운데로 걸어가며 너희가 피운 횃불 가운데로 걸어갈지어다 너희가 내 손에서 얻을 것이 이것이라 너희가 고통이 있는 곳에 누우리라(사 50:11).

'불을 피우고 횃불을 둘러 띤 자'란 기도는 많이 하는데 십자가의 길을 따르지 않는 사람입니다. 금식하고 철야하며 열심히 신앙생활하지만 집에 돌아가면 폭군이요, 이웃을 사랑하지도 용서하지도 않는 사람입니다. 누구한테나 왕노릇 하고 선생질하며 자기 의로 세상을 살아가는 사람입니다. 이런 사람들의 결국은 "고통이 있는 곳에 누우리라"(사 50:11)입니다.

주님의 생명은 우리가 알아차리게 오는 법이 없습니다. 언제나 긴가민가하게 옵니다. 어느 순간 몸이 자라 있듯, 나도 모르게 예수님의 성품을 닮은 모습으로 옵니다. '옛날 같았으면 화가 날 상황인데 이상하게 화가 나지 않네' 한다면 '아 주님이 오신 거구나' 하고 알아차리면 됩니다. 그때의 기쁨이란, 행복이란 말로 다할 수 없습니다.

주님이 오시면 건강을 잃어도 상관없습니다. 건강하든 그렇지 않든 상관없습니다. 나는 건강을 잃었지만 고통으로 얼굴이 찌그러져 있지도, 슬픔으로 얼굴이 어둡고 침울하지도 않습니다. 오히려 어느 누구보다 밝고 건강해 보입니다. 모르는 사람은 내가 환자인 줄도 알아차리지 못합니다. 병이 드니 하나님의 은혜가 더 커져서 그렇습니다. 정말 놀랍지 않습니까? 세상에 이런 기적이 어디 있습니까? 이런 것이 증인된 삶이 아니겠습니까?

먼저 십자가를 통과해야 복을 받을 수 있습니다. 하지만 우리는 십자가보다 복부터 받자고 덤빕니다. 그래서 이스라엘 백성은 40년이나 광야생활을 해야 했고, 나는 암을 얻었습니다. 내 죄를 인정하고 회개하기만 하면 되는 일을 못해서 고통의 시간이 길어진 것입니다.

그러므로 십자가의 고난 가운데 있다면 기뻐하십시오. 사탄의 손아귀에서 벗어날 기회이니 기뻐하십시오. 곧 자유로워져서 주님의 생명으로 부활할 것을 믿음으로 기뻐하십시오.

감격과 기쁨과 평안은 오직 십자가로부터

나는 어느덧 예순이 되었습니다. 나이 들수록 믿음의 조상들이 걸어간 '십자가의 삶'이 감격스러워 눈물이 납니다. 그리스도를 얻기 위해, 그리스도의 고난에 동참하기 위해, 오시는 메시아의 영에 동참하기 위해, 그들이 받은 숱한 고난을 생각하면 가슴이 아파 눈물이 납니다.

아마존에 처음 갔을 때 원주민들의 언어에는 사랑, 용서, 감사 같은 단어가 없었습니다. 신발 하나 제대로 챙겨 신은 사람도 드물었습니다. 삶의 양식도, 언어도 다른 사람을 막상 눈앞에서 보니 어떻게 말씀을 전해야 할지 몰랐습니다. 오로지 기다리는 수밖에 없었습니다.

그것도 그들이 우리를 해하러 오기를 기다렸습니다. 처음에 그들은 우리를 죽이려고 했습니다. 우리가 마시는 물과 먹을 음식에 독을 탔습니다. 우리는 단지 그들의 영역을 침범한 외부자였습니다. 그러나 바로 그때가 전도할 수 있는 기회인 것을 알았습니다. 우리를 모함하고, 저주하고, 해코지하고, 심지어 똥을 퍼서 던질 때가 전도할 수 있는 기회였던 것입니다.

오직 사랑으로 그들의 모든 해악을 이기는 것, 그것이 우리가 세운 전도 전략이었습니다. 그들의 해코지를 아무 말 없이 당하고 용납하고 사랑의 눈빛으로 바라볼 때, 그들 속에 사랑이 조금씩 담겨지는 것을 느꼈습니다. 그래서 우리는 고난 받기를, 저주 받기를 기다리고 기다렸습니다.

다행히 남편과 나는 머리가 나빠서 그들이 우리를 해코지한 사실은 금세 잊어버렸습니다. 문제는 하나님한테 배운 것도 금세 잊어버렸다는 것입니다. 그래서 때로 힘든 일이 또 생기면 "하나님 해도 해도 너무하시네요. 아버지, 진짜 너무하십니다" 하고 투정합니다. 그러면 하나님은 "내가 그들을 네게 보낸 것은 그들한테서 너를 보라고 한 거라는 사실을 또 잊었니?" 하셨습니다. 계속 반복된 항변과 대답 속에서 우리는 연단되었습니다.

사랑하는 요셉을 잃고 야곱은 어떻게 살았을까요? 자식을 잃은 아비는 죽은 목숨이나 다름없습니다. 그리스도를 얻기 위해, 그리스도를 보기 위해, 그가 가진 소중한 것을 빼앗긴 아픔이었습니다. 물론 하나님은 빼앗긴 뒤 돌이켜 십자가를 발견하면 그에게 빼앗은 그것을 도로 돌려주십니다. 베냐민마저 잃었다고 여겨서 통곡하는 야곱을 묵상할 때면 가슴이 저밉니다.

얼마나 눈물을 흘려야 야곱처럼 자녀를 '생명의 계보'에 들어

가게 할 수 있을까요? 제발 주님을 아는 심령을 달라고, 내 자녀가 생명의 계보에 들어가기 위해 무엇을 하며, 어떻게 살아야 하는지를 가르쳐 달라고 기도하지 않을 수 없습니다.

많은 사람들이 결혼을 하는 진짜 이유가 뭘까요? 물론 사랑해서 결혼합니다. 그런데 사실은 그 사랑을 더 많이 받고 싶어서 결혼합니다. 충분하지 못했던 부모의 사랑을 보상받기 위해 아내와 남편을 만드는 것입니다. 하지만 결혼하고 나면 그 사랑이 영원하던가요? 그렇지 않습니다. 더 큰 사랑을 원한 그 욕망은 곧 배반을 당합니다.

그즈음이면 대개 부모가 되어서 남편에게 배반당한 허전한 마음을 자녀에게서 보상 받고자 합니다. 그러나 그것도 잠시, 곧 자녀의 반격이 시작됩니다. 미성숙한 내 손이 자녀의 삶을 조정하려 드는 순간 자녀는 빗나가기 시작해서 날마다 전쟁터를 방불하게 합니다.

허탈해진 부모는 다시 아내와 남편에게 마음을 붙이고 안정감을 찾고 싶어 합니다. 그러면 이제 배우자가 애굽의 바로로 돌변해 군림하려 듭니다.

세상 어디에도 마음 붙일 곳은 없습니다. 어느 누구도 안정감을 주지 못합니다. 우리가 마음을 붙이고 사랑할 자는 오직 예수님밖에 없습니다. 우리가 사람에게나 다른 어떤 것으로 안정감을 누리려 하면 하나님은 그냥 두고 보지 않으십니다. 택한 자는, 십자가를 지게 하고 거룩한 계보에 들어가게 해서 천국에 데려가야 하니까요. 야곱처럼 라헬을 잃어버리고, 요셉을 잃어버리고, 베냐민도 당분간 빼앗기게 하십니다.

나도 그랬습니다. 남편에게 기대 볼까 하면 오히려 그에게 더 얻어맞았습니다. 고독해지는 겁니다. 자녀에게 마음을 붙여 볼까 하면 자녀가 만신창이가 되었습니다. 내가 율법주의자가 되어서 자녀의 행동 하나하나를 찌르는 통에 아이가 도저히 견딜 수가 없는 것입니다. 우리가 마음을 붙여 볼까 찾아간 거기가 바로 망하는 곳입니다.

이렇듯 내 무지함을 깨우치기 위해 얼마나 많은 사람들이 희생되는지 모릅니다. 나 하나 구원하기 위해 얼마나 많은 사람들이 죽음을 당하는지 모릅니다.

그런 우리가 주님께 돌아온다면 그때는 인생의 슬픔이 너무 커서 감당할 수 없을 때입니다.

"내가 아버지께 범죄했습니다. 주님, 내가 아담이었습니다. 내가 죄인 중에 괴수입니다."

이렇게 회개하며 돌아오는 것입니다. 거기에는 스스로 율법주의자가 되어 자녀를 잘못 키운 죄도 포함되어 있습니다.

어디 자녀나 배우자만 그렇습니까? 물질도 마찬가지입니다. 우리가 돈에 욕심을 내는 이유가 무엇입니까? 좀 더 많이 가지면 안정감을 느낄까 봐, 만족감을 느낄까 봐 더 갖고 싶어 하는 것 아닙니까? 그런데 돈을 좇으면 물질은 더 빠르게, 더 멀리 달아나지 않던가요? 아무리 가져도 만족감은 그보다 더 멀리 달아납니다.

하나님은 우리가 그리스도를 얻는 일에 온통 관심을 기울이시지 부자가 되는 일에는 전혀 관심이 없습니다. 그러니 제발 부자를 소망하지 마십시오. 일용할 양식에 감사하십시오.

심령이 가난한 자는 복이 있나니 천국이 그들의 것임이요(마 5:3).

하나님은 우리가 천국을 경험하도록 하기 위해 우리를 가난한 데로 인도하십니다. 우리가 은혜가 충만하면 남편이, 아내가 나를 괴롭히는 못된 왕이 아니라 나를 지키는 보호자임을 깨닫게 됩니다. '어떻게 나 같은 사람이 이렇게 좋은 남편(아내)을 만났을까' 합니다. 그러다 다시 남편(아내)을 우상처럼 마음에 붙이려면 남편(아내)이 나를 괴롭히는 애굽의 왕같이 느껴집니다. 그러므로 오늘 우리 가정이 행복하지 않는 이유는 누구 탓입니까? 모두 내 탓입니다.

3.

자아를 죽여야 무르익어 성숙한다

창세기 29:35

그가 또 임신하여 아들을 낳고 이르되 내가 이제는 여호와를 찬송하리로다 하고 이로 말미암아 그가 그의 이름을 유다라 하였고 그의 출산이 멈추었더라

상으로 받은 암

한번은 기도 중에 거대한 홍수 물살에 내가 떠밀려 가는 환상을 봤습니다. 아무리 안간힘을 써도 빠져나올 수 없을 만큼 거친 물살이었습니다.

주님께 이 환상이 무엇이냐고 여쭸습니다. 그랬더니 에스겔서 47장의 말씀을 주셨습니다. 에스겔이 주님을 따라 물을 건너는 내용입니다. 처음에는 발목까지 찼던 물이 허리까지 올랐다가 나중에는 헤엄을 쳐야 할 만큼 불어나는 환상이었죠.

에스겔서와 나의 환상을 접목해 보니 드디어 내가 그토록 바라던 특별한 능력을 받게 되는 줄 알았습니다. 그래서 기대에 차서는 하나님이 그 능력을 언제 주시려나 기다렸습니다.

2006년에 안식년을 맞아 한국에 왔을 때 넓디넓은 신학교 교정을 거닐며 기도하는데 이런 음성이 들렸습니다.

"얘야, 너 이 땅에서 상을 받을래? 저 천국 내 나라에서 상을 받을래?"

그 순간 나는 얼마 전 기도 중에 본 환상이 생각났습니다. 하나님이 드디어 내가 기대하던 '능력'을 주시려고 내 생각을 묻는 줄 알았습니다. 그래서 나는 "주님, 저는 그동안 하도 구박을 받았으니까 이 땅에서 성공한 선교사가 되는 것도 괜찮지 않을까요?"

하고 세상에서 받는 축복을 기대했습니다. 그리고 그 상이 뭔지 궁금해서 주님께 물었습니다. 그랬더니 "사람들한테 핍박받는 것이다" 하는 겁니다. 화가 났습니다. 대단한 축복을 기대했는데 오히려 핍박이라니! 하나님 나라에서 받는 상은 무엇이냐고 여쭤야 하는데 미처 묻지 못한 채 한국에서의 일정을 소화했습니다.

그러던 중 암이 발견되었습니다. 아마존으로 돌아가는 비행기를 타야 하는 그 시간에 병원 수술실에 올라 폐의 절반을 잘라내는 수술을 했습니다. 그렇게 시작된 암투병 중에 하나님이 보여주신 환상이 다시 해석되었습니다.

도무지 빠져나오지 못할 만큼 거친 물살은 암이었습니다. 내 생명을 그분의 생명 싸개로 덮으시기 위해 레아처럼 수치와 모욕을 당하는 삶으로 이끄신 것입니다. 이 땅에서가 아니라 하늘에서 상을 받는 삶으로 인도하신 것입니다.

실제로 원주민 대부분이 "후치(브라질에서 나는 성경의 '룻'을 뜻하는 '후치'라고 불립니다)가 하나님한테 잘못한 게 있으니까 그런 매를 맞은 거지"라고 말했습니다. 내게 발견된 암을 하나님의 징계라고 믿는 것입니다. 그러자 한국의 목회자들도 자기 교회 성도들이 시험 든다며 나를 강단에 세우기를 꺼려하였습니다. 믿음이 어린 사람들은 나처럼 하나님께 충성한 사람이 병에 들면 '하나님 믿어 봐야 병밖에 얻는 게 없구나' 하면서 하나님을 떠날 수도 있다며 염려했습니다. 나의 삶 자체가 그들에게 시험 거리인 것입니다.

내가 그렇게 수치를 당하자, "선교사님, 빨리 병이 나아서 더 많이 일하셔죠" 하는 말이 위로인지 비난인지 분간이 안 되었습니다.

그러던 어느 날, 하나님께서 "너는 아픈 것이 일하는 것이다" 하셨습니다. 건강해서 일한 것보다 아파서 누워 있으면서 더 많은 일을 했다는 것입니다. 무슨 말인가 했더니 하나님께서 또 이렇게 말씀하셨습니다.

"네가 아픈 것으로 인해 내 자녀들이 시험에 들었다. 그들의 정체가 탄로 난 것이다."

정체가 탄로 나야 회개의 자리로 갈 수 있습니다. 그때에야 진정한 하나님의 생명의 계보에 들어가는 것입니다. 그러니 내가 아파서 수치를 당하는 것이 많은 사람들을 생명의 길로 인도하는 것이라는 얘기입니다.

이처럼 주님의 섭리와 일하심은 신비롭고 놀랍습니다.

"아니 그렇게 신령하다던 저 선교사님은 왜 자기 병 하나 고치지 못하는 거야? 믿음이 없는 건가? 아직 회개가 덜 된 건가?"

이렇게 비아냥거리는 소리를 들으면 순간적으로 화가 납니다. 나를 무시하는 사람들을 판단하고 비난하는 소리가 내 안에서 확

치고 올라옵니다. 여전히 나는 나를 깨뜨려 가루로 만들지 못한 죄인인 것입니다. 쓸 만한 구석이 아무데도 없습니다. 고쳐 쓸 수 없는 구제불능입니다. 그러니 나 같은 죄인 하나 생명책에 들이려고 예수님이 그런 수치와 모멸을 당하고 십자가에 못 박히셔야 했던 것입니다.

비통함 속의 자유

야곱의 외삼촌 라반에게는 두 딸이 있었습니다. 레아와 라헬입니다. 언니 레아는 시력이 좋지 않았습니다. 이것은 레아에게 있어 사람들에게 인정받지 못하게 만드는 큰 결점이었을 것입니다. 반면에 동생 라헬은 곱고 아름다웠다고 성경은 기록합니다(창 29:16-17).

레아의 고통을 이해할 수 있습니까? 아마 레아는 라헬에 비해 외모도 떨어지고 시력도 좋지 않아 모욕적인 삶을 살았을 것입니다. 야곱도 레아가 아닌 라헬을 더 사랑했습니다. 라헬을 얻기 위해 7년 동안 라반을 섬겼을 정도입니다. 그 7년을 며칠같이 여겼다고 했습니다. 야곱은 그때까지 육신의 정욕이 이끄는 대로 살았던 것입니다.

어찌 보면 야곱에게 라헬은 하나님께서 용납하신 인간적인 위로였을지도 모릅니다. 타향살이가 얼마나 혹독하고 고독했겠습니까? 그런 중에 만난 아름다운 여인이니 얼마나 달콤했겠습니까? 하지만 하나님은 택하신 백성이 반드시 통과해야 할 관문을 거치도록 이끄십니다. 아무도 그의 손을 벗어날 수 없습니다.

야곱이 라반에게 이르되 내 기한이 찼으니 내 아내를 내게 주소서 내가 그에게 들어가겠나이다 라반이 그곳 사람을 다 모아 잔치하고 저녁에 그의 딸 레아를 야곱에게로 데려가매 야곱이 그에게로 들어가니라 라반이 또 그의 여종 실바를 그의 딸 레아에게 시녀로 주었더라 야곱이 아침에 보니 레아라 라반에게 이르되 외삼촌이 어찌하여 내게 이같이 행하셨나이까 내가 라헬을 위하여 외삼촌을 섬기지 아니하였나이까 외삼촌이 나를 속이심은 어찌됨이니이까(창 29:21-25).

세상에 레아처럼 비참한 삶이 어디에 있습니까? 자신을 사랑하지도 않는 남자와 억지로 결혼해서 속임수로 잠자리를 같이했으니 얼마나 수치스럽고 모욕적인 일입니까? 라반은 다시 조건을 내겁니다.

라반이 이르되 언니보다 아우를 먼저 주는 것은 우리 지방에서 하지 아니하는 바이라 이를 위하여 칠 일을 채우라 우리가 그도 네게 주리니 네가 또 나를 칠 년 동안 섬길지니라(창 29:26-27).

야곱은 오직 라헬을 얻기 위해 이번에도 라반의 협상을 따릅니다. 그 모습을 지켜보는 레아의 심정이 어땠겠습니까? 남편이 다른 여자도 아닌 동생을 사랑하는 줄 알면서 한 집에서 살아야 하는 비참한 심정을 상상해 보십시오.

그런 레아를 하나님이 불쌍히 여기시고 아들을 주셨습니다. 그런데 아들들의 이름을 보면 남편에게 외면받은 레아의 비통함이 적나라하게 드러납니다.

레아가 임신하여 아들을 낳고 그 이름을 르우벤이라 하여 이르되 여호와께서 나의 괴로움을 돌보셨으니 이제는 내 남편이 나를 사랑하리로다 하였더라(창 29:32).

야곱의 아들을 낳았으니 레아는 얼마나 기뻤겠습니까? 오죽하면 이름을 '르우벤', 즉 '보라 아들이로다'라고 지었습니다. 하나님은 우리가 아주 고통스러울 때 이렇게 응답해 주십니다. 이 응답이 없으면, 우리는 살아갈 안위를 받을 수가 없습니다. 견딜 수가 없습니다.

하지만 야곱은 레아의 기대를 저버립니다. 여전히 무시하고 사랑하지 않습니다.

> 그가 다시 임신하여 아들을 낳고 이르되 여호와께서 내가 사랑 받지 못함을 들으셨으므로 내게 이 아들도 주셨도다 하고 그의 이름을 시므온이라 하였으며(창 29:33).

'시므온'은 '듣다'라는 뜻입니다. 하나님이 자기 기도를 '들으셔서' 아들을 주셨다는 뜻입니다. 레아가 처음보다 풀이 죽은 모습입니다. 그래도 여전히 남편을 향한 기대를 버리지 않은 상태입니다.

> 그가 또 임신하여 아들을 낳고 이르되 내가 그에게 세 아들을 낳았으니 내 남편이 지금부터 나와 연합하리로다 하고 그의 이름을 레위라 하였으며(창 29:34).

레아가 대제사장 아론의 조상인 레위를 낳았습니다. '레위'는 '연합'을 의미합니다. 이렇게 영광스런 아들을 낳았음에도 레아는 여전히 남편과 연합하기를 기대하고 있습니다. 아직도 내 자아를 못 박을 십자가가 필요한 것입니다. 아직 덜 여물었고 덜 해결된 것입니다.

> 그가 또 임신하여 아들을 낳고 이르되 내가 이제는 여호와를 찬송하리로다 하고 이로 말미암아 그가 그의 이름을 유다라 하였고 그의 출산이 멈추었더라(창 29:35).

레아가 드디어, 십자가에서 자기 자아의 죽음을 체험하고 영적으로 성숙해지는 단계에 도달했습니다. 이제는 남편이 나를 사랑해 주든지 말든지, 인정해 주든지 말든지, 하나님 한 분이면 충분하다고 고백한 것입니다.

하나님은 그런 레아에게 유다를 주심으로 그리스도의 조상이 되게 하셨습니다. 영광스런 믿음의 조상의 계보에 들어가게 하신 것입니다.

레아는 아들 넷을 낳고 나서야 이 같은 고백을 할 수 있었지만, 이스라엘 백성은 40년이 걸렸습니다. 우리도 진리를 듣고 알지만 그것이 가슴으로 내려가기까지는 시간이 오래 걸립니다. 40년이 걸릴지 평생이 걸릴지 알 수 없습니다.

그래서 십자가에 내 자아를 부수어 가루로 만들어 제사 지내는 일은 내 힘으로는 안 됩니다. 하나님이 도와주셔야 합니다. 하나님의 도우심은 우리를 시련 가운데 던져두는 것입니다.

그러므로 이런 환경에 처했을 때 "주님 제 꼬라지가 이렇습니다"라고 빨리 굴복하는 것이 내게 닥친 시련을 통과하는 비결입니다.

TV를 켜면 나쁜 사람이 많이 나옵니다. 화가 나서 당장에 욕하고 싶은 마음이 들끓기도 합니다. 나에게 해코지하는 사람이 있을 땐, 하나님이 그를 데려가 주셨으면 좋겠다고 생각하기도 합니다. 우리 속엔 이렇게 히틀러보다 더 무시무시한 잔인함이 숨겨져 있습니다. 우리의 뿌리는 아담이라서 그렇습니다. 가인이고 에녹이라서 그렇습니다.

그럼에도 우리는 긍휼함을 받아 용서 받은 자들입니다. 주님이 우리를 위해 흘린 보혈로 우리 죄를 덮으시고 사랑스런 신부라고 불러 주시는 자들입니다. 그러니 이제 십자가에 내 자아를 못 박고 주님의 생명으로 다시 태어나야 합니다.

'부활찬송'이라는 찬양의 가사 중에 "참으로 필요했네, 아담이 지은 죄. 그리스도의 죽음이 씻은 죄. 오, 복된 탓이여! 너로써 위대한 구세주를 얻게 되었도다" 하는 가사가 있습니다. 아담이 죄를 짓지 않았다면 복되신 주님을 우리가 만날 수 없었을 것이라는 역설적인 말입니다. "죄가 더한 곳에 은혜가 더욱 넘쳤나니"(롬 5:20)와 같은 맥락입니다. 즉 주님은 우리의 죄까지라도 사용하셔서 합력하여 선을 이루어 주시는 분임을 가르쳐 줍니다.

따라서 자기 안에서 어떤 수치스럽고 악독한 모습을 발견하더라도 절망하지 마십시오. 이 죄와 잘못으로 주님의 깊은 사랑으로 빨려 들어갈 테니 말입니다.

십자가 없는 은혜는 망하는 길

레아는 예수님의 조상인 유다를 낳는 놀라운 열매를 맺었습니다. 이것은 십자가의 고통을 통과하고 얻은 성령의 열매입니다. 예수님은 곱고 아름다운 외모를 뽐낸 라헬이 아니라 수치를 당해 자아가 깨진 레아를 통해 오신 것입니다.

우리 모두는 세상 가운데 살면서 레아와 같은 멸시와 모욕을 당합니다. 직장 상사나 동료, 친구들, 혹은 남편이나 아내, 자녀, 심지어 하나님한테조차 멸시와 모욕을 당합니다. 하나님이 택한 우리는 부요한 자도 아니고 지식이 많은 자들도 아닙니다.

우리는 레아처럼 결핍이 많은 사람이라 기대하는 것도 많습니다. 하나님을 믿기 시작한 것도 복을 바란 것 아닙니까?

레아는 자기 뜻과 상관없이 사랑 없는 남편과 결혼했지만 그 남편의 사랑을 받고 싶어 했습니다. 아들을 낳으면 남편이 사랑해 줄까 기대하고 또 기대했습니다.

레아가 첫아들을 낳았을 때 그 이름을 르우벤, 즉 '보라 아들이라!'고 지었습니다. 고개를 빳빳이 들고 뽐내는 레아의 모습이 나타납니다. 그런 게 우리 인간입니다. 일이 잘 안 될 때는 기가 팍 죽어 있다가 뭔가 풀릴 것 같으면 고개를 빳빳이 세우고 자랑질 하기 시작합니다.

하지만 레아가 셋째 레위를 낳기까지도 남편은 그녀를 사랑해 주지도, 부부로서 연합해 주지도 않았습니다. 아들을 셋이나 낳았으니 '이제는 남편의 사랑으로 보상 받겠구나' 했지만 그럴 기미가 전혀 보이지 않는 겁니다.

우리도 일터나 가정에서 혹은 교회에서 '내가 이만큼 인내심을 보이고 헌신했으니 이제 나를 인정해 주겠지' 하지만 돌아오는 대가가 없을 때가 있습니다. 그러면 기대한 만큼 대가가 없으니 분노가 들끓습니다. 눈에 힘이 들어가고 입에서 거친 말이 폭포수처럼 쏟아져 나옵니다. 이때 얼른 십자가로 달려가야 합니다.

"주님, 이것을 뽑아 주세요. 내 자아를 십자가에 못 박아 죽여 주세요. 주께서 내 육신을 장사 지내 주시고, 새생명으로 나게 해 주세요."

이렇게 날마다 십자가 앞에 엎드려 내가 죽어야 하는 겁니다. 마음속에 주위 사람들에게 시비하는 것이 있습니까? 바라는 것이 있습니까? 그냥 하나님이 나의 성품을 연단하시기 위해서, 유다를 낳기까지 레아를 성숙시켰듯이 우리를 성숙시키기 위한 과정으로 이해하시기 바랍니다.

반면에 라헬은 십자가 없는 은사와 은혜를 받은 사람입니다. 그래서 이 은사와 은혜를 자기를 높이는 데 사용합니다. 교만합니다. 오로지 자기를 아름답게 꾸미고 자기 욕심을 채우는 데만 관심을 갖습니다.

라헬은 오랫동안 아기를 잉태하지 못하자 종 빌하를 끌어다 남편의 아들을 낳았습니다. 십자가 없이 은혜를 누리는 사람들은 이렇듯 불필요한 일들을 꾸밉니다. 자기 이름을 높이려고, 자기 마음을 위안하려고 육신의 의지를 강화시킵니다.

라헬의 모습은 바로 우리의 모습입니다. 우리 역시 하나님이 주신 은혜와 은사를 한 가지 이상 가지고 있습니다. 라헬처럼 예쁘거나 재주가 많거나 머리가 좋거나 말을 잘하거나 모두 한두 가지는 자랑할 만한 게 있습니다. 그리고 이 자랑할 만한 것을 가지고 라헬처럼 교만의 길을 갑니다.

교회에서도 이런 사람들이 많습니다. 자아가 죽지 않아서 자기 이름을 높이기 위해 쓸데없는 일을 자꾸 벌입니다. 내가 한국의 교회에서 이런 설교를 하면 반발하는 사람들이 제법 많습니다. "자기가 믿음이 그렇게 좋으면 암이나 고칠 일이지…" 하면서 원색적으로 비난하는 사람들도 있습니다. 자기 죄는 보지 못하고 어떻게든 합리화하고 미화시켜서 칭송 받고 싶어 하는 사람들입니다. 정체를 숨긴 사탄이 하는 말이며 행동임을 알지 못하는 것입니다.

초신자들에게는 하나님이 특별히 복을 주십니다. 십자가 없는 복을 주시는 것입니다. 그런데 이 복으로 레아의 길을 가면 다행인데 대개는 라헬의 길을 가서 이후로도 계속 복만 달라고 조릅니다.

하지만 하나님은 어느 정도 성장한 자녀에겐 더 이상 만나와 메추라기를 주시지 않습니다. 수고해서 얻는 소산물로 배를 채우는 능력을 키워야 하기 때문입니다. 그래서 더 많이 성장한 자녀에겐 십자가를 주십니다.

그러면 자녀들은 입이 이만큼 나와서 불평하기 시작합니다. 그냥 잔소리하지 말고 내가 원하는 대로 주지 왜 안 주시느냐고 원망하고 불평하며 적대합니다. 정말 못된 자식입니다. 십자가를 통과하지 못한 신자들이란 그런 사람들입니다.

자녀가 부모인 당신을 어떻게 대합니까? 나와 똑같다는 걸 인정하지 않을 수 없을 것입니다. 육신으로는 안 했을지 모르지만 마음속으로는 다 했습니다. 그러니 할 말이 없는 겁니다.

혹시 '이쯤했으면 이제 복도 주실 만한데…' 하며 헛물켜고 있습니까? 이만큼 기도했으면, 이만큼 봉사하고 헌신했으면, 이만큼 헌금했으면 하고 자랑하는 것이 있습니까? 내가 그만큼 했으니까 집안도 평안하고 자녀도 잘되고 돈도 잘 벌어야 한다고 생각합니까?

하지만 우리는 복을 응답으로 받으면 대개 하나님을 떠납니다. 응답 받는 것이 도리어 바깥 어두운 데서 이를 가는 형국으로 만들어 버립니다. 그래서 하나님은 복을 주시기 전에 먼저 십자가를 지게 하십니다. 십자가 안에서 나의 탐심과 이기심과 교만을 깨뜨리고 제거해서 그 심령 가운데 성령이 임하신 뒤에 복을 주십니다. 그러므로 십자가가 곧 응답이고 축복입니다.

그러므로 기도했는데 문제가 온다면 나를 변화시키려는 하나님의 사인으로 이해하고 기뻐하십시오. 내가 원하는 것을 주시지 않는 것은, 그 복을 가지고 탕자처럼 나가서 허랑방탕해질까 봐 안 주시는 것이므로 하나님께 감사하십시오.

십자가에 내 자아를 부수어 가루로 만들어 제사 지내는 일은 내 힘으로는 안 됩니다.

하나님이 도와주셔야 합니다.

하나님의 도우심은 우리를 시련 가운데 던져두는 것입니다.

4.

나를 찢어 나누면 하나님이 채우신다

시편 37:25

내가 어려서부터 늙기까지 의인이 버림을 당하거나 그의 자손이 걸식함을 보지 못하
였도다

세상은 하나님의 것

나는 20대에 이르러서야 예수님을 믿었습니다. 그 전에 토정비결을 보았는데 내 운수가 '허송세월'이었습니다. 그때는 그 말이 그렇게 무서운 의미인지 몰랐습니다. 다만 '고통이 없는 게 천만 다행이다'라고 생각했습니다.

하나님을 믿고 나니 그 말이 달리 들립니다. 가끔 주님의 은총이 안 느껴져서 사시나무 떨듯 두려워질 때, '이때가 허송세월인가' 생각합니다. 그래서 왠지 모르지만 두려움이 몰려오면 부리나케 일어나서 청소라도 해서 몸을 부지런히 움직입니다. 허송세월하지 않으려는 것입니다.

> 사랑 안에 두려움이 없고 온전한 사랑이 두려움을 내쫓나니 두려움에는 형벌이 있음이라 두려워하는 자는 사랑 안에서 온전히 이루지 못하였느니라(요일 4:18).

사랑이 온전히 이루어지지 않았다는 것은, 주님이 온전히 내 마음에 이루어지지 않았다는 의미입니다. 그렇다면 왜 주님이 온전히 이루어지지 않았습니까? 십자가를 모르기 때문이요, 십자가에서 온전히 죽지 않았기 때문입니다. 십자가의 삶을 살지 않기 때문입니다.

십자가의 삶을 살지 않는다는 것은, 주님을 밖에다 내동댕이치고 자기가 주인이 되었다는 뜻입니다. 주의 뜻이 아니라 내 뜻대로 살겠다는 것입니다.

내 뜻대로 살면 두려움 가운데 살게 됩니다. 범죄한 뒤에 아담에게 두드러지게 나타난 것이 두려움이었습니다. 그러므로 주님을 대신한 가짜 주인을 박살내야 진짜 주인이 오십니다. 그분이 내 생을 열어 주시고, 내 힘이 되어 주십니다.

우리들 대부분은 마음속에 염려가 있습니다. 대체로 돈을 잃어버릴까, 돈을 더 이상 벌지 못할까 하는 염려가 가장 많고, 인간관계의 어려움에서 오는 염려가 많습니다. 나 역시 평생에 따라다닌 염려가 굶어 죽지 않을까 하는 것이었습니다. 내 미래를 보장하는 근거가 하나님이 아니라 돈이기 때문에 이런 염려를 하는 것입니다.

현대 사회에서 돈만 있으면 크게 염려할 게 없습니다. 오늘날 가장 강력한 권세는 돈에 있습니다. 돈만 있으면 사는 일이 어렵지 않습니다. 비굴해질 필요도 없고 눈치 볼 필요도 없습니다. 돈만 있으면 사람들이 알아서 존경해 주고 인정해 줍니다. 그래서 누구든지 전능하신 하나님보다 돈을 더 의지합니다. 목숨 걸고 돈을 움켜쥐려 합니다. 사람을 죽여서라도 움켜쥐려 합니다. 정말 무섭습니다.

그런 세상에서 자기 돈을 나눌 수 있는 인생은 정말 대단한 인생입니다. 오순절 다락방에서 성령을 체험한 성도들한테 나타난 가장 큰 변화는 바로 물질을 나누게 되었다는 것입니다.

지금도 사탄은 나를 물질로 시험합니다. 말기 암 환자한테, 더구나 돈 한 푼 없는 선교사한테 물질로 시험하는 것입니다. 그러면 내가 이렇게 말합니다.

"그래 이놈아. 내가 굶어 죽을 것이다."

죽음을 눈앞에 둔 사람한테 굶어 죽는 게 대수겠습니까. 하지만 건강했을 때는 굶어 죽을까 봐 늘 염려했습니다. 사탄은 이렇게 물질로 우리를 놀리고 비아냥거리고 비웃습니다. 이때 우리가 사탄을 이기는 길은 "설마 하나님이 나를 굶어 죽이겠는가" 하고 되받아치는 것입니다.

하지만 우리는 십자가의 삶 자체를 두려워하므로 돈이 조장하는 온갖 두려움과 염려에 휘둘립니다. 돈 없으면 큰일 날 것처럼 낙심합니다. 이것이 영적인 간음입니다. 남편 되신 하나님을 배신한 영적인 간음입니다.

그러니 믿음 안에서 "주님, 내가 걱정한다고 뭐가 달라지겠어요?" 하면서 염려와 두려움을 날려 버리십시오. 세상 염려와 걱정은 살려니까 생기는 것입니다. 죽으면 죽으리라는 각오가 있으면 그런 염려하지 않습니다.

하나님은 나를 빌어먹게라도 해서 먹이십니다. 굶기시지 않습니다. 내가 일을 해서든 진짜 구걸해서 얻은 것이든, 이 세상의 돈은 모두 하나님의 것입니다. 내 것이 없습니다. 내 공로로 얻은 것은 하나도 없습니다.

채우는 비결은 소유보다 나눔

나는 말기 암 환자이지만 겉으로 봐선 아픈 사람 같지 않다고 합니다. 이유는 한 가지, 하나님이 내 삶의 구석구석에 기름을 부으셨기 때문입니다. 아주 사소한 것까지 주님을 높여 드리고 순종했더니 '왕의 아들이요 딸'로 높임을 받았습니다. 무릎을 꿇어 낮아지기를 힘썼더니 주님이 높여 주셨습니다.

돈이나 세상에 대해서, 또는 인간관계에서 자아가 죽기를 힘쓰면 하나님이 물질로나 관계적으로나 형통의 문을 열어 주십니다. 내 자아를 십자가에 못 박으면 그런 놀라운 일이 일어납니다.

먹고 싶은 것 다 먹고 입고 싶은 것 다 입어서는 남을 절대 도와줄 수 없습니다. 그러면 물질에 더 집착하게 됩니다. 물질을 나누고 시간을 희생하고 마음을 헌신할 때 하나님의 복을 받아 더 많이 나누며 살 수 있습니다.

그런데 우리는 대개 나누고 봉사하고 헌신하는 일을 하고 싶지 않습니다. 그래서 후손들이 복을 받지 못하는 것입니다. 부모가 부지런히 심으면 부모 세대뿐 아니라 후손도 하나님의 보호하심을 입습니다.

우리 아버지는 술을 정말 많이 드셨습니다. 그런데 아버지가 잘하는 일이 한 가지 있었습니다. 나그네를 사랑방으로 초대해 대접하기를 게을리하지 않았다는 것입니다. 아버지는 그것을 심은 것입니다. 다음 세대인 내가 그 혜택을 입었습니다.

그러므로 가난한 자들을 기억하고 돕기를 힘쓰십시오. 먹고 싶고 입고 싶은 것이 있어도 조금 덜 먹고 입으면서 나보다 못한 이웃을 섬기십시오. 하나님이 감동을 주시는 곳에 믿음으로 물질을 심으십시오. 하나님이 반드시 후히 되어 흔들어 넘치도록 갚아 주실 것입니다.

물질의 축복은 절대 계산할 수 없습니다. 셈하고 계산해서 이웃과 나누어선 축복을 받지 못합니다. 믿음으로 나누는 것입니다. 물질의 축복은 믿음으로 받습니다.

하지만 내 것을 나누는 일은 절대 쉽지 않습니다. 내 육신이 찢어져야 겨우 됩니다. 그래서 하나님의 은혜가 임하는 것입니다.

봉사하고 나누나 보면 어느 순간 부대껴서 화가 나고 속상해

지기도 합니다. 괜찮습니다. 내 꼴이 드러나서 회개할 일이 생긴
것이니 오히려 잘된 일입니다. 진심으로 섬겼지만 내심 남이 알
아주면 더 좋겠죠. 괜찮습니다. 그런 것까지 회개해야 예수님의
정결한 신부가 될 수 있습니다.

내가 일을 해서든 진짜 구걸해서 얻은 것이든, 이 세상의 돈은 모두 하나님의 것입니다.

내 것이 없습니다.

내 공로로 얻은 것은 하나도 없습니다.

"사랑하는 자에게만 영적인 겨울이 온단다!"

아무에게나 오는 건 아니랍니다.

이 겨울을 지나는 것이 우리 영혼에 유익입니다.

4부

마침내, 생명의 계보로

"영혼의 겨울이 지나면 부활의 봄이 옵니다"

1.

오롯이 버틴 겨울나무에게 봄이 온다

갈라디아서 6:14

그러나 내게는 우리 주 예수 그리스도의 십자가 외에 결코 자랑할 것이 없으니 그리
스도로 말미암아 세상이 나를 대하여 십자가에 못 박히고 내가 또한 세상을 대하여
그러하니라

생명의 부활을 준비하는 영혼의 겨울

나는 겨울나무가 좋습니다. 잎이 다 떨어지고 앙상한 가지만 남아서 추운 겨울을 혼자서 버티는 겨울나무를 보면 기쁩니다. 그렇게 겨울을 혼자 외롭게 보내고 나면 봄이 되어 다시 부활할 것이기에 기쁩니다. 겨울나무는 내가 가야 할 길 같아서 함부로 보이지 않습니다.

내가 앓는 이 암은 나를 헐벗게 하고 앙상하게 벌거벗겨 십자가에 높이 매답니다. 이 십자가를 통과하면 부활의 봄을 맞게 될 것입니다. 그런 뒤에 성령의 열매가 온전히 맺어질 것입니다.

내가 겨울나무처럼 헐벗기 전에는 '선교사'라는 이름으로 내 안의 수많은 결점들이 아름답게 치장되어 있었습니다. 하지만 겨울나무가 되어 사람들이 떠나고 외롭고 고독해지니까 내 안에 숨겨졌던 결함들이 속속들이 드러났습니다. 바람만 불면 온몸이 흔들리던 연약한 신앙이 드러나고, 무슨 문제만 생기면 '어디 가서 위로 받을까, 누구한테 기대나' 하던 내 안의 우상들이 들통났습니다.

모두가 떠난 자리에 홀로 남아 나를 지키시는 하나님. 연약하고 미련한 내 결점들을 드러내서 십자가에 매다시는 하나님. 그 하나님의 깊은 경륜을 겨울나무가 되어 보니 경험할 수 있었습니다.

그런데 "매도 빨리 맞는 게 좋다"는 말도 있듯이, 이런 과정은 젊은 날에 경험하는 것이 더 좋을 것 같습니다. 그러면 인생의 남은 날을 부활의 능력을 가지고 주님의 강한 군사로 쓰임 받게 될 테니까요.

하지만 내가 "하나님이 우리 생애에 반드시 영적인 겨울이 오는 것을 허락하신다"고 말하면 "으악!" 하고 도망가는 사람이 많습니다. 그래서 이런 말하기가 몹시 조심스럽습니다. 그럼에도 이것 역시 주님의 말씀입니다.

> 내가 너희 가운데 거할 때에 약하고 두려워하고 심히 떨었노라 (고전 2:3).

사도 바울도 십자가의 도를 전할 때 사람들이 어떤 반응을 보일까 두려웠다고 말합니다. 나 역시 십자가의 메시지를 전할 때 상대와 관계가 깨질까 두렵습니다. 사랑하는 지체가 상처 받기라도 하면 당혹스럽고 괴롭습니다.

그렇다고 그 메시지를 전하지 않으려니 내 사명을 온전히 감당하지 못하는 것이므로 주님께 죄송합니다. 주의 종에게는, 설교자에게는 이런 고통이 있습니다.

하루는 '영적인 겨울'을 전해야 하는데 내 설교를 듣고 성도들이 낙심할까 걱정되어 주님께 기도했습니다.

"주님 오늘 당신의 자녀가 낙심하면 어쩝니까?"

그러자 주님은 이렇게 말씀해 주셨습니다.

"사랑하는 자에게만 영적인 겨울이 온단다!"

아무에게나 오는 건 아니랍니다. 누구든지 이 겨울을 겪는 게 아니라니까 안심할는지 모르겠지만, 이 겨울을 지나는 것이 우리 영혼에 유익입니다.

그런데 이 '영혼의 겨울'은 우리를 하나님과 연합하게 하여 부활의 생명을 주기 위한 시간입니다. 남편과 자녀, 세상 것을 우상으로 섬기며 언제나 믿음이 흔들리는 연약한 우리를 십자가에 높이 달리게 함으로 영적으로 성숙시키기 위한 시간인 것입니다. 그리고 그 보상은 부활의 생명, 영원한 생명입니다.

나는 예전에 핸드볼 선수였습니다. 어디든 펄펄 뛰어다니던 사람입니다. 그런데 말기 암에 걸리고 보니 고통이 얼마나 극심한지 허리를 펼 수 없어서 언제나 구부정하게 다니게 되었습니다. 체면이 말이 아닙니다 하지만 주님이 이렇게 만드셨으니 어쩌겠습니까. 그런데 내 얼굴은 누구보다 행복한 얼굴입니다.

항암치료를 하려면 먼저 면역력을 높이는 요법을 써야 합니다. 그런데 그 약이 어찌나 고약한지 먹을 때마다 구토가 납니다. 나는 하나님의 징계가 바로 이 면역력을 높이는 치료라고 생각합니다. 징계를 받아서 면역력이 높아져야 다시는 그 죄를 짓지 않게 됩니다.

겨울나무를 보면서 주님의 계시를 깨달아야 합니다. 하나님이 사랑하는 자들에게 일생에 한 번 이상은 완전히 추락하고 발가벗겨지는 아픔을 겪게 하십니다. 사람들에게 배반당하게 하시고 심지어 하나님께도 배반당하게 하십니다. '영혼의 깊은 어두운 밤'을 지나게 하시는 것입니다.

요셉이 주인에게 매우 충성했으나 옥에 갇힌 사건은 '그리스도의 처절한 고난 입문기'입니다. 요셉은 이때 얼마나 억울했을까요? 하나님께 "어찌하여 나를 버리셨습니까?" 했을 것입니다. 하지만 이때 요셉은 오직 하나님 한 분만 의지하며 그리스도의 고난을 깊이 묵상하고 배웠을 것입니다. 그리고 이 영혼의 어둠이 하나님의 극진한 사랑임을 깨달았을 것입니다.

우리가 착한 일을 하면, 예를 들어, 누군가를 도와주거나 봉사하고 헌신하고 나면, 시험에 듭니다. '좋은 일을 했는데 왜 시험에 들까? 왜 집안이 난리법석이 날까?' 합니다. 바로 내 미련함과 어리석음, 연약함을 탄로 나게 하려는 것입니다. 탄로 남으로써 없애 주시려고 그러는 것입니다. 이것이 착한 일을 한 우리에게 하나님이 보상하시는 방법입니다.

그러므로 십자가에 높이 달리는 때에 시험 들지 마십시오. '나를 부활로 데려가시려고, 나의 어리석음과 미련함을 정화시키려고 이 불 가운데 넣으셨구나' 하고 신실하게 십자가에 매달리십시오.

십자가에 달려 고독함 가운데 던져지고 나면 우리는 오직 주님께만 집중하게 됩니다. 이때 그리스도 안에서 강한 용사로 부활하게 됩니다. 성령의 열매를 주렁주렁 맺게 됩니다.

생명을 낳는 성숙의 단계

오직 위에 있는 예루살렘은 자유자니 곧 우리 어머니라 기록된 바 잉태하지 못한 자여 즐거워하라 산고를 모르는 자여 소리 질러 외치라 이는 홀로 사는 자의 자녀가 남편 있는 자의 자녀보다 많음이라 하였으니 형제들아 너희는 이삭과 같이 약속의 자녀라 (갈 4:26-31).

'잉태하지 못한 자여 즐거워하라'는 말씀은 본래 아브라함의 아내 사라를 뜻하는 동시에 '바벨론 포로로 잡힌 이스라엘의 남은 자'를 의미합니다(사 54:1). 그러나 갈라디아서에서는 율법과 반대되는 '복음'의 열매, 더 확대 해석하면 '성령의 열매, 복음의 열매'를 맺지 못해 고통당하는 신약의 복음의 백성들을 가리킵니다. 그러니까 이 말씀은 '복음의 열매, 성령의 열매를 소원하는 너여, 기뻐하라. 이제 이루어질 것이다'라는 말씀입니다.

'남편 있는 자의 자녀'란 율법주의 신앙으로 잘나가는 사람들을 가리킵니다. 하나님의 뜻이 아니라 내 뜻, 내 소원이 더 중요한 사람들입니다.

당장은 율법주의 신앙이 '남편 있는 자'처럼 잘 사는 것 같습니다. 그러나 '홀로 사는 사람의 자녀'가 '남편 있는 사람의 자녀'보다 많다고 했습니다. 율법주의 신앙은 쇠락하나 복음주의 신앙은 처음엔 자녀를 못 낳는 것 같지만 결국엔 자녀가 많아진다는 것입니다.

성령의 열매가 충만하면 영적인 어미가 됩니다. 이사야서에도 "홀로 된 여인의 자식이 남편 있는 자의 자식보다 많음이라"(사 54:1)라고 말씀합니다. 성령의 열매가 있는 사람들은, 이제 영적인 어미가 되어서 젖을 주는 사람이 됩니다. 품을 수 있고 젖을 줄 수 있는 단계로 성숙하면, 영적인 자녀가 많아집니다.

하나님이 그들(영적 자녀)을 얼마나 사랑하시는지, 얼마나 그들을 끌어안고 싶어 하시는지, 그 마음을 품었기에 그들이 나를 찌르거나 말거나 어미의 심정으로 그들을 위해 헌신하게 됩니다. 그래서 영적인 자녀, 참 제자, 참 크리스천을 많이 낳습니다.

고독 후에 찾아올 영광의 부활

나는 말기 암 환자입니다. 그런데 하나님의 뜻을 분별하고 나자 암에 걸린 일이 감사합니다. 만일 지금도 건강한 몸으로 부르짖어 기도하는 선교사로 살았다면 예수님이 누군지도 모른 채 인생을 허비하다가 죽음을 맞았을 것입니다. 그것을 생각하면 너무나 두렵고 떨립니다.

하나님의 징계를 받아 하나님의 뜻을 분별하고 나자 한 가지 사실을 깨달았습니다. 하나님은 하나님의 생명의 계보를 일으키는 데 지대한 관심이 있으시다는 것입니다. 우리는 지금 닥친 문제가 해결되고 시련이 물러나는 것에 관심이 많지만 내가 만난 하나님은 그런 것에 별로 관심이 없으십니다. 하나님의 관심은 하나님의 생명의 계보를 일으키시는 일입니다.

그러나 내게는 우리 주 예수 그리스도의 십자가 외에 결코 자랑할 것이 없으니 그리스도로 말미암아 세상이 나를 대하여 십자가에 못 박히고 내가 또한 세상을 대하여 그러하니라(갈 6:14).

나는 이 말씀처럼 좋은 것이 없습니다. 세상이 나를 못 박아 죽이고 십자가에 높이 달아 주는 것, 그 수치와 모욕을 당하는 것이 너무 좋습니다. 그리스도의 고난에 동참하는 것이 너무 좋습니다.

그런데 내가 높은 장대에 매달리면 사람들이 나를 떠날 것입니다. 십자가에 달린 예수님을 사람들이 떠난 것처럼 말입니다. 제자들조차 자기 목숨을 보전하려고 도망갔습니다. 사도 요한도 밧모 섬에서 외롭게 말년을 보내야 했습니다.

이렇게 주변의 사람들이 나를 떠나서 외로워지면 주님 한 분만 더 간절히 의지하게 됩니다. 주님과 깊은 교제에 이르게 됩니다. 세상을 저절로 끊게 됩니다. 쓸데없는 일들과도 끊어집니다. 그러면 이 외롭고 고독한 시간이 지난 뒤에는 영광스런 부활이 있습니다.

십자가에 달려 고독함 가운데 던져지고 나면 우리는 오직 주님께만 집중하게 됩니다.

이때 그리스도 안에서 강한 용사로 부활하게 됩니다.

성령의 열매를 주렁주렁 맺게 됩니다.

2.

주님과 연합한 사람은 상처 받지 않는다

고린도전서 2:16

누가 주의 마음을 알아서 주를 가르치겠느냐 그러나 우리가 그리스도의 마음을 가졌
느니라

신령한 자는 누구인가
_ 비판을 듣고 상처 받지 않는 사람

내가 수년간 고민하고 고통스러워했던 말씀이 있습니다.

내가 너희 중에서 예수 그리스도와 그가 십자가에 못 박히신 것 외에는 아무것도 알지 아니하기로 작정하였음이라 내가 너희 가운데 거할 때에 약하고 두려워하고 심히 떨었노라 내 말과 내 전도함이 설득력 있는 지혜의 말로 하지 아니하고 다만 성령의 나타나심과 능력으로 하여(고전 2:2-4).

사도 바울은 '성령의 나타나심과 능력'으로 말씀을 전했다는데, 나는 그냥 '지혜의 말, 내가 깨닫고 생각한 말'을 전하고 있었습니다. 나는 왜 사도 바울과 같이 될 수 없는가, 수년 동안 이로 인해 너무 고통스러워서 성경 보기도 무서웠습니다.

나는 비록 살아 있었으나 매일 죽음을 대면하고 살았습니다. 힘에 겹고 고독하고 세상이 위로할 수 없는 고통이 나를 짓눌렀습니다. 그런데 바울과 비교하니 나는 대체 믿음의 여정에서 어디쯤 와 있는 것일까, 계시에 대해 얼마나 깨닫고 있을까 싶어 낙담이 되고 염려가 되어 너무나 고통스러운 것입니다.

그래서 나는 남들이 나에 대해 이러저러하게 말해 주는 것을 고맙게 생각합니다. 나의 영적 상태를 가늠해 볼 수 있기 때문입니다. 언제나 칭찬해 주는 사람이 아니라 까다로운 사람이 나는 고맙습니다. 내 옆에 까다롭고 까칠한 사람이 있다면 '나의 영적 상태를 점검할 시간이구나' 하고 기뻐합니다.

> 신령한 자는 모든 것을 판단하나 자기는 아무에게도 판단을 받지
> 아니하느니라(고전 2:15).

신령한 자, 즉 영적으로 성숙한 자는 타인의 판단이나 비판을 받았을 때 그로 인해 상처 받지 않는다는 의미입니다. 살다 보면 누구든지 타인의 판단이나 비판을 듣지 않을 수 없습니다. 이때 성숙하지 않은 사람은 발끈하며 마음에 상처를 쌓아 둡니다.

그렇다면 성숙한 사람과 성숙하지 않은 사람을 구별하는 기준은 바로 타인의 판단이나 비판을 들었을 때 그가 보이는 반응에 있습니다. 당신은 어떤 사람입니까?

성숙한 사람, 즉 주님과 연합한 사람은 상처가 되는 일을 당하거나 두려울 만한 일을 만나도 그로 인해 놀라지 않습니다. 주님이 주시는 연단이요, 십자가로 이끌기 위한 은총인 줄 알기 때문입니다. 그런 사람은 '나 스스로 죽기 어려운 것을 주님이 대신

죽여 주시니 감사합니다' 하고 고백합니다.

타인의 판단과 비판을 받았을 때 허둥대고 상처를 받고 두려워하고 놀라는 것은 그것의 정체를 몰라서입니다. 정체를 알면 놀랄 일이 아닙니다. 오히려 마땅히 있는 일이라고 치부합니다. 믿는 자가 당연히 당하게 되는 일이라고 생각하며 의연하게 넘기게 됩니다.

_ 성령의 가르침을 알아듣는 사람

우리가 이것을 말하거니와 사람의 지혜가 가르친 말로 아니하고 오직 성령께서 가르치신 것으로 하니 영적인 일은 영적인 것으로 분별하느니라(고전 2:13).

사도 바울은 우리가 가르칠 때는 오직 성령이 가르치신 것으로 하라고 말합니다. 사도 바울과 비교하면 우리는 우리 생각에 좋은 대로 '이게 하나님의 뜻일 것이다' 하며 행동하고 말합니다. 그래서 어쩌면 우리가 사랑한다는 하나님은 내가 만든 우상에 불과할 수 있습니다.

사도 바울은 그런 다음 "영적인 일은 영적인 것으로" 분별한다고 했습니다. 개역한글 성경에는 "신령한 일은 신령한 것으로"

분별한다고 번역되어 있습니다. 이것은 기도해서 영분별을 한다는 뜻이 아닙니다. 예언이나 신유와 같은 은사를 가리키는 것도 아닙니다.

앞에서 '사람의 지혜로 가르치지 않고 성령이 주신 걸로 가르친다' 했으니 '신령한 일'은 '신령한 가르침'을 의미합니다. 좀 더 구체적으로 말하면, 고린도전서 전체 맥락에서 볼 때 신령한 가르침은 '성령의 열매'를 의미합니다. 십자가의 도를 따르고 예수 그리스도의 형상을 닮아 가기 위한 가르침인 것입니다.

그래서 '육신에 속한 사람'은 주님의 품성, 주님의 인격을 가르쳐도 이해할 수 없습니다. 도무지 알아듣지 못합니다. "회개해야 한다, 십자가로 가야 한다"고 권고하는 말을 듣기 싫어합니다. 신령한 말로 가르치면 오히려 상처 받아서 악을 발합니다. 무슨 뜻인지 모르니 그게 왜 중요한지도 모르고 어떻게 하는 건지도 모르니 듣고 싶지 않습니다. 믿는다 하면서 아벨이 되어 본 적이 없는 가인인 것입니다. 만일 누군가의 말에 상처를 받았다면 아직 가인인 줄로 알고 회개하기 바랍니다.

TV 드라마를 보면 자아 충만한 사람들이 쏟아져 나옵니다. 너 때문에 상처 받았다고 싸우고 미워하고 전쟁을 벌입니다. '자아의 죽음'이 아니라 '자아가 살아서 충만한' 가인의 이야기가 판을 칩니다. 그런 얘기에 울고 웃고 하지 마십시오. 사탄의 속임수에 넘어가서 '자아 충만'을 좇아갈 수 있습니다.

세상은 이렇듯 자아 충만을 향해 갑니다. 그러나 성경은 반대로 '자아 죽음'을 향할 것을 권고합니다.

그런데 내가 누누이 강조하는 것이지만, 신령한 은사는 신령한 일 즉 성령의 열매와 상관없습니다. 흔히 은사자들은 특별히 신령할 것이라 생각하는데, 그렇지 않습니다. 이것은 오랜 신앙생활 가운데 공통적으로 검증된 것입니다. 물론 모두가 그런 것은 아니지만, 은사는 혼에 주어지는 것이라 은사자라도 영의 깊은 곳까지는 통달하지 못할 수 있습니다. 은사 자체는 성령의 열매가 아닌 것입니다. 실제로 고린도교회의 성도들은 은사자들이 많았지만 성숙한 신앙의 열매를 맺지는 못했습니다.

그러므로 신앙생활에서 은사가 필요하고 받으면 좋지만, 그것이 목표가 되어서도 안 되고 추구해서도 안 됩니다. 신앙생활의 목표는 오직 십자가입니다. 혹시 은사를 받았다면 두려운 마음으로 겸손하게 사용해야 합니다.

_ 영적인 것을 분별하는 사람

성령의 열매를 맺은 사람들은 분별하는 능력이 있습니다. 왜냐하면 그들은 지난 시간 동안 목숨을 다해 자아를 무너뜨리는 훈련을 받았기 때문입니다. 사람들에게 밟히고, 찢기고, 상하고, 십자가에 높이 매달리는 치욕과 모욕을 겪어 내며 성령의 열매를 맺었기 때문입니다.

'영적인 일은 영적인 것으로 분별한다'는 말은 성령의 열매를 맺는 사람이 되면, 다른 사람의 신앙 수준에 대해 안목이 생긴다는 의미입니다. 거짓을 말하는지 경건한 체하는지 말만 앞세우는지 다 안다는 의미입니다. 가령, 이미 산꼭대기까지 오른 사람은 저 아래서 올라오는 사람에게 길 안내를 해줄 수 있습니다. "저쪽으로 가지 말고 이쪽으로 가세요" 하고 얘기해 줄 수 있는 것입니다. 하지만 육신에 속한 사람은, 십자가의 메시지를 전하면 상처 받아서 난리를 칩니다. 길 안내를 해주면 고마워해야 하는데 '너나 잘하세요' 하고 응수하는 것입니다.

여전히 육에 속한 사람

육에 속한 사람은 하나님의 성령의 일들을 받지 아니하나니 이는 그것들이 그에게는 어리석게 보임이요, 또 그는 그것들을 알 수도 없나니 그러한 일은 영적으로 분별되기 때문이라(고전 2:14).

육에 속한 사람은 하나님의 성령의 일들을 받지 못한다고 합니다. 십자가를 모르는 사람은 성령의 열매, 그리스도의 성품에 대해 무지해서 가르쳐도 알아듣지 못한다는 의미입니다. 육신에 속한 사람은 여전히 하나님을 이용해서 자기 뜻을 이루려는 사람입니다. 입만 열면 "내 뜻을 이루어 주옵소서. 이 문제만 해결해 주옵소서" 합니다.

이런 사람은 성령의 권면을 공격으로 여겨서 상처를 받습니다. 자기가 신이라서 언제나 대접 받기만 원하며 그렇지 못하면 독사의 혀를 날름거립니다. 그런 사람은 십자가 신앙이 미련해 보입니다. 어리석어 보입니다. 절대 가서는 안 되는 길로 여깁니다.

그러나 거듭난 성도는 '십자가의 어리석음'으로 살아갑니다. 그래서 육신에 속한 사람들한테 "좀 모자란 거 아냐? 왜 맨날 당하고 살아?" 하는 소리를 듣습니다. 이때 거듭난 성도는 육에 속한 사람과 대적해서 싸우지 않습니다. 그것은 사탄만 좋아하는 일이기 때문입니다.

육에 속한 사람은 십자가의 신앙을 미련하고 어리석은 것으로 보는 것은 물론 가르쳐도 깨닫지 못합니다. 어리석은 십자가의 길을 가는 사람들도 이해할 수 없습니다. 우겨서 이기는 것만 이기는 것으로 생각하니 자기를 비워 낮아짐으로 승리하는 삶을 이해할 수 없습니다. 당신은 어떻습니까? 육에 속한 사람입니까, 거듭난 사람입니까?

십자가의 도를 알면 내가 그리스도와 연합해서 죽어야 한다는 사실을 압니다. 이를 아직 모른다면 거듭나지 않은 것입니다. 두렵고 떨리는 마음으로 스스로 질문하십시오.

'나는 거듭난 사람인가, 아닌가?'

'그러한 일은 영적으로 분별한다'고 했습니다. 주님의 마음을 가진 사람들은 분별할 수 있다는 말입니다. 내 안에 계신 그 주님이 말씀하시기 때문에 서러울 일도 없고 고단할 일도 없습니다. 쓰지 않은 새 줄로 삼손을 묶어도 힘 한 번 주면 끊어지는 것처럼 사탄이 그를 속이고 옭아매려 해도 분별하기 때문에 속임을 당하지도, 옭아매이지도 않습니다. 그를 판단하고 비판하는 소리를 들으면 기뻐하며 자기를 성찰합니다.

애쓰지 않아도 말씀대로 살아지는 것

성경은 십자가를 아는 사람, 이미 그리스도와 연합한 사람들에게 주어진 말씀입니다. 십자가를 알지 못하는 사람은 성경을 아무리 읽어도 이해할 수 없습니다. 주님의 산상수훈이나 사도들의 서신서 역시 그리스도와 연합된 죽음을 통과한 성도만이 깨달아

이해할 수 있습니다. 십자가를 미련한 것으로 여기는 사람은 산상수훈을 읽고 기복주의를 신봉하고 서신서를 읽고 율법화해 지키는 데 힘을 쏟습니다.

성경에서 '이것을 지켜라' 하는 말씀들은 율법을 힘써 지키라는 말이 아닙니다. 십자가를 통과하고 성령 안에 거하는 성숙한 신앙인이 되면 '그렇게 살아진다, 그렇게 된다'는 뜻입니다. '이것을 율법대로 지켜라'가 아니라 '이렇게 복음에 합당한 삶으로 살아진다. 변화되었으니까!'라고 말하고 있는 것입니다.

복음은 예수님의 복음 때문에 전 재산을 잃고 유리방황하게 된, 목숨을 걸고 토굴에서 사는 사람들에게 주어진 말씀입니다. 십자가를 지고 십자가에서 죽는 삶을 사는 사람들에게 말씀이 백분 이해되고 공감될 수밖에 없습니다.

우리처럼 예수 믿고 복이나 받으려 하는 사람들이 읽어서는 이해될 수 없는 것입니다. 그러니 구약시대 이스라엘 사람들처럼 율법적으로 해석하고 율법주의에 빠지는 것입니다.

'회개하라'는 예수님을 깊이 만난 사람에게는 '회개가 되는' 것입니다. 예수를 깊이 만나도록 인도하면 회개가 저절로 되는 것입니다.

이렇듯 주님과 연합한 사람들은 '하지 말아지는' 겁니다. 억지로 '하지 않겠다' 하지 않아도 저절로 되지 않는 것입니다.

3.

'마른 뼈'가 되어야 성령을 받는다

에스겔 37:6

너희 위에 힘줄을 두고 살을 입히고 가죽으로 덮고 너희 속에 생기를 넣으리니 너희가 살아나리라 또 내가 여호와인 줄 너희가 알리라 하셨다 하라

군사로 부름 받은 '마른 뼈'

암 투병 중에 읽은 에스겔서에서 새롭게 깨달은 사실이 있습니다. 에스겔서 37장에 나오는 '마른 뼈'들은 예수를 안 믿는 사람, 또는 신앙이 미지근한 신자를 가리키지 않습니다. 또는 종말에 회복될 유대 민족을 가리키지도 않습니다. 부차적으로 그런 뜻이 될 수도 있겠지만, 이 에스골 골짜기의 마른 뼈들은, '자아가 처리되는 과정에 있는 사람들'입니다. 그러니 신앙이 제법 좋은 신자들입니다.

군사는 아무나 되는 것이 아닙니다. 논산훈련소에서부터 시작해서, 유격훈련, 동계훈련, 야간훈련, 극기훈련, 천리행군 등 많은 훈련을 거쳐야 비로소 군인이 됩니다. 또 신체적으로 정신적으로 자격 요건이 되어야 입대할 수 있습니다.

마찬가지로 하나님은 우리를 '여호와의 군사'로 사용하기 위해 믿음의 훈련과 연단을 거치게 하십니다. 하나님이 연단하는 훈련이 어찌나 고된지 야곱도 욥도 마른 뼈같이 타들어 갔습니다. 하나님의 훈련을 받은 자들이 마른 뼈가 되는 것입니다.

하나님은 '여호와의 군대'를 일으키시기 전에 먼저 마른 뼈가 되도록 택하신 자기 백성들을 환난 가운데 던져두십니다. 물론 마른 뼈 환상과 관련해 다른 해석이 가능할 것입니다. 다만 나는 이런 감동을 받은 것이니 여러 해석 중 하나로 생각하면 좋겠습니다.

그렇다면 이 마른 뼈들은 누구입니까? 이들은 굉장히 깊은 영적인 단계로 들어간 사람들입니다. 여호와의 군사로 부름 받아 쓰임 받기 직전의 단계에 이른 사람들입니다. 보통 사람들이 아닙니다. 자아가 거의 없어진 사람들입니다. 이들에게 '생기'만 들어가면 완전히 강한 여호와의 군사가 되는 것입니다.

그러니까 마른 뼈는 성령이 온전하게 내주하실 수 있는 그릇이 준비된 사람들입니다. 이 세상과 나 자신에게 소망을 둘 수 없어서 자아가 바싹 마른 사람들입니다.

생각해 보십시오. 여호와의 군사가 아무나 되겠습니까? 어린 아이처럼 떼쓰고 남 탓하고 시기하고 원망하는 사람이 어떻게 여호와의 군사가 되겠습니까?

군사로 부름 받으려면 먼저 마른 뼈부터 되어야 합니다. 야곱처럼, 욥처럼 인생에 불어닥친 엄청난 풍파와 회오리를 겪어 내야 합니다. 그 환난의 시험을 통과해서 성숙해진 사람들이 여호와의 군사로 부름 받을 수 있습니다.

군화 신은 신부

독수리는 40년을 살고 나면 부리가 굽어져 가슴 쪽으로 휘어지고, 발톱도 굽어져 더 이상 먹이 사냥을 하기 어려워집니다. 이때 독수리는 아무도 찾을 수 없는 외딴 곳에 둥지를 짓고 거기서 자기의 깃털과 발톱을 부리로 다 뽑습니다. 그런 다음 부리를 바위에 찧어서 그것마저도 뽑아 버립니다. 이렇게 하면 새로 난 부리와 발톱으로 30년을 더 살게 된다고 합니다. 아무것도 모르는 짐승도 다시 생명을 얻기 위해 그렇게 하는 것입니다.

여호와의 군사로 부름 받은 사람들도 독수리처럼 환골탈퇴하는 영적인 대수술이 필요합니다. 하나님은 그들을 바짝 말려 마른 뼈처럼 만들었다가 비로소 성령의 기운을 주셔서 여호와의 군사로 만드십니다.

편안하고 평탄하게 살다가 여호와의 군사가 되는 것이 아닙니다. 주님의 생명을 다시 얻기 위해선 아담에게 물려받은 생명이 잘려 나가야 합니다. 바짝 마른 마른 뼈가 될 때 아담의 유전자들이 말라서 없어지는 것입니다.

사사기 7장에서 군사로 채택된 사람의 공통점은 물을 손으로 떠서 개처럼 사방을 경계하며 핥아먹는 사람들이었습니다. 그런데 왜 개처럼 핥아먹는 사람이 하나님의 군사로 택함 받았을까요?

군사는 언제든지 그 마음에 적을 의식하고 있어야 합니다. 그래서 함부로 무릎을 꿇을 수 없습니다. 자신의 목마름과 허기짐에 관여하지 않고 그보다 적을 더 의식하는 겁니다. 하나님 나라를 위해 군사로 쓰임 받으려면 이렇게 자기의 모든 것을 부정해야 합니다.

잔느 귀용은 "신부가 드레스를 입는 조건으로 군화를 신어야 한다"고 말했습니다. 무슨 뜻입니까? 전쟁을 할 줄 모르면 신부로서 정결을 지킬 수 없다는 의미입니다. 크리스천은 언제나 사탄에게 무릎을 꿇을 것인가, 주님께 무릎을 꿇을 것인가의 갈림길에서 늘 전쟁하는 사람들입니다. 이 전쟁을 할 줄 모른다면 예수 그리스도의 신부로서 합당하지 않습니다.

여호와의 군사로 부름 받은 사람은 눈물 골짜기를 통과하게 됩니다. 내가 수치와 모욕을 당하도록 벌거벗기시고 버림받아 고독하게 하십니다. 이 눈물의 골짜기를 통과한 사람은 세상 것을 구하지 않고 하나님 나라와 그의 의를 구합니다.

"하나님, 제 남편의 마음을 돌이켜서 나를 좀 사랑하게 해주세요" 하는 게 아니라 "하나님, 제가 얼마나 당신의 생명을 안 가지고 살면 내 남편이 저 때문에 이렇게 고통을 당하겠습니까. 용서해 주세요"라고 기도합니다. 내가 받은 상처가 아니라 내가 준 상처가 보여서 회개하는 것입니다. 이것이 바로 성령의 역사입니다.

많은 사람들이 내게 와서 신앙상담을 합니다. 그러면 그들이 너무 안타까워서 심장이 오그라드는 것 같습니다. 많은 사람들이 자기 죄는 보지 않고 남의 죄만 보면서 분노하고 화를 내고 상처를 받고 기운을 빼는 것이 너무나 안타깝습니다. 대체 어떻게 회복시키고 돌이켜야 할지 몰라 숨을 쉬기 어렵습니다.

아마존에 '나마야꼬'라는 물고기가 있습니다. 나는 그 물고기를 처음 보고 주님이 자연을 통해 얼마나 놀랍게 계시하는지 감탄했습니다.

나마야꼬는, 손바닥만 한 물고기인데 입이 몸의 크기와 똑같습니다. 몸통 크기만큼 입이 벌어지는 것입니다. 그런데 나마야꼬는 입이 커서 그런지 자기보다 몸집이 큰 물고기를 잡아먹습니다. 자기 몸보다 큰 물고기를 집어 삼키려다 보니 반만 삼킨 채 나머지 반은 입 밖으로 나와 있습니다. 저보다 큰 놈을 먹었으니 다 못 먹거니와 소화도 다 시킬 수 없습니다. 그래서 반드시 토해서 속을 비워야 합니다. 그렇지 않으면 자기가 죽고 맙니다. 그러니까 나마야꼬는 저도 죽고 남도 죽이는 물고기인 것입니다.

우리의 욕망이 나마야꼬와 같지 않습니까? 다 먹지도 못하고 토해 낼 것을 꾸역꾸역 삼키다가 그로 인해 내장이 썩어 죽어 가는 것이 우리가 아니겠습니까?

여호와의 군사는 나마야꼬 같은 인생에서 독수리 같은 인생으로 변화된 사람들입니다. 새생명을 얻기 위해 자기 부리를 벽에다 쳐서 뽑아 버리는 자기 부인과 자아의 죽음을 경험한 사람들입니다.

우리는 대개 야곱처럼 천사와 씨름해서 내 뜻을 이루려 하는 하나님의 반역자들입니다. 그런 우리를 하나님은 불쌍히 여겨 야곱의 환도뼈를 쳐서 굴복시키듯이 우리를 치십니다. 하나님이 우리를 수치와 모욕 가운데 버려둘 때 남을 탓하고 원망하고 분노를 터뜨리지 말고 그런 나를 굴복시켜 새생명을 주시려는 하나님께 감사하십시오. 기뻐함으로 회개의 자리로 가십시오.

내 소유는 아무것도 없으니

얼마 전 내가 쓰던 물건들을 정리해서 다 갖다 버렸습니다. 내가 죽고 나서 딸이 내 짐을 정리하며 울며 상처 받을까 봐 그랬습니다. 딸이 상심할까 봐 그랬습니다.

짐을 싸면서 "이 종이 편안히 눈을 감게 하소서"라고 기도했습니다. 그리고 믿음의 조상들이 믿음을 따라 죽은 것같이 나도 그렇게 죽게 해달라고 기도했습니다.

이제 나는 하나님이 내가 원하지 않는 것을 주셔도 그것 때문에 나의 죄가 발견되어 생명의 길로 갈 수 있다는 사실에 기쁩니다. 죽음도 기쁘게 맞이할 것입니다.

하나님의 군사는 혹독한 훈련을 통해 마른 뼈가 됩니다. 이 혹독한 훈련을 견디지 못해 나가떨어지는 사람도 있습니다. 너무 놀라서 주님을 떠나는 것입니다. 하지만 참 백성은 반드시 돌아오게 되어 있습니다.

내 뜻대로 되는 것이 하나도 없고 오히려 벌거벗겨져 치욕과 모욕을 당하게 하셔서 깊은 상처가 되었다면, 이제 다음 단계로 나아갈 준비를 마친 것입니다. 이제 하나님은 내가 가진 인간적인 힘, 능력, 재산을 수술하기 시작하십니다. 그것 때문에 하나님과 연합할 수 없기 때문입니다.

내 경우는 암으로 그 수술을 시작하셨습니다. 만일 이런 고통을 받지 않았다면 나는 하나님을 반의 반도 모른 채 세상을 떠났을 것입니다. 어쩌면 바깥 어두운 데서 이를 갈며 세상을 떠났을지도 모릅니다. "왜 이러시는 겁니까?" 하고 원한만 품다가 갔을 것입니다.

아마 욥도 그런 엄청난 일을 당하지 않았다면 '그저 축복하시는 하나님'으로만 우리에게 하나님을 소개했을 것입니다. 하지만 욥은 "보라 인내하는 자를 우리가 복되다 하나니 너희가 욥의 인내를 들었고"(약 5:11) 하는 말씀에서처럼 인내의 모범이 되었습니다. 욥의 인내를 보고 고난 가운데 있는 사람들이 위로를 얻게 되었습니다.

욥은 고통의 깊은 늪을 건넌 뒤에야 하나님을 '귀로만 듣던 분이 아니라 눈으로 뵌 분'으로 깊이 알았습니다(욥 42:5).

나는 다행히 말기 암 진단을 받았을 때 '아, 주님이 또 무슨 일을 내게 행하시려 그러시나?' 하고 분별할 수 있었습니다. 그것이 너무나 감사합니다. 그동안 자기를 부인하는 훈련을 한 덕분인 것 같습니다. 그리고 '주께서 행하시는 것을 내가 이 신음 가운데서 보리라. 주께서 이 일을 이루시리라. 시작하셨으니 이루실 것이다!'라는 믿음으로 병을 맞았습니다. 내가 가진 건강, 물질, 지식, 능력을 처리하시는 마른 뼈의 단계에 이른 것입니다.

혹자는, 이를 두고 '사도적인 부르심'을 받은 사람에게 국한된 얘기라고 말합니다. 주의 종들만 겪는다는 것입니다. 그런데 '사도적인 부르심'을 받은 사람이 누구입니까? 신학교를 졸업하고 목사 안수를 받은 사람입니까? 그렇지 않습니다. 우리 중에 누구든지 이 부르심을 받을 수 있습니다. 누구든지 하나님이 신뢰하는 영혼을 부르셔서 그리스도의 고난에 동참케 하시고 실제로 그런 삶을 살게 하셔서 예수를 좇는 삶의 모범으로 삼으십니다.

하지만 사도적인 부르심을 받지 않아도 모든 성도는 비슷한 길을 걷게 되어 있습니다. 그리스도의 형상을 본받는 일이 어떻게 입술로 고백하는 몇 마디 말로 이뤄지겠습니까? 자아가 깨어지는 일은 엄청난 고난과 고통의 늪을 지나야 가능합니다.

장성한 분량에 이르는 믿음

> 사라가 아브라함을 주라 칭하여 순종한 것같이 너희는 선을 행하고 아무 두려운 일에도 놀라지 아니하면 그의 딸이 된 것이니라 (벧전 3:6).

사라는 혹독한 훈련을 통해 아무 일에도 두려워하지 않는 그의 딸이 되었다고 베드로는 말하고 있습니다. 사라는 어떤 훈련을 받은 겁니까? 오랜 세월 남편을 따라 광야를 다니면서 자기를 부인하는 삶을 훈련 받은 것입니다. 그 훈련을 거친 뒤에 사라는 장성한 분량에 이르기까지 믿음이 성장했습니다.

성경의 모든 역사는 이처럼 십자가를 가리키고 있습니다.

야곱은 하나님이 환도뼈를 쳐서 다리를 절게 되었습니다. 마른 뼈가 된 것입니다. 우리 역시 다리를 절어야 합니다. 야곱은 환도뼈를 다치고 나서야 자기 안에 선한 것도 없고 하나님을 사랑하는 마음도, 사람을 사랑하는 마음도 없음을 알았습니다. '아 이것이 내 약점이었구나. 이것이 주님을 방해했구나' 하고 자기의 약함을 알게 되자, 하나님은 그의 이름을 이스라엘로 바꿔 주셨습니다.

우리 역시 마른 뼈에서 멈출 게 아니라 야곱이 이스라엘이 되는 지점까지 가야 합니다. 욥처럼 귀로만 듣던 하나님을 눈으로 보는 지점까지 가야 합니다.

> 그때에 너희가… 너희 모든 죄악과 가증한 일로 말미암아 스스로 밉게 보리라(겔 36:31).

'이제는 정말 내 죄가 너무 꼴보기 싫고 미워서 제발 나가 줬으면 좋겠다'고 할 때, 에스겔 37장에 이르러 마른 뼈가 여호와의 군사로 쓰임 받게 되었습니다. 남의 허물을 보고 '바로 내 모습'이라고 고백하는 사람에게 주님은 성령을 주어 하나님의 군사로 사용하십니다.

마음속의 몹쓸 쓰레기를 치우다 이제는 아담의 뿌리까지 뽑아버려 그리스도로 온전히 채워지면, 왕 같은 통치자의 권세를 갖게 됩니다. 그는 아무것에도 부족함을 느끼지 않습니다. 예수님 한 분으로 만족하기 때문입니다.

편안하고 평탄하게 살다가 여호와의 군사가 되는 것이 아닙니다.
주님의 생명을 다시 얻기 위해선 아담에게 물려받은 생명이 잘려 나가야 합니다.
바짝 마른 마른 뼈가 될 때 아담의 유전자들이 말라서 없어지는 것입니다.

4.

오 복된 시련이여! 오 아름다운 주님이여!

호세아 7:7-8

그들이 다 화덕같이 뜨거워져서 그 재판장들을 삼키며 그들의 왕들을 다 엎드러지게
하며 그들 중에는 내게 부르짖는 자가 하나도 없도다 에브라임이 여러 민족 가운데에
혼합되니 그는 곧 뒤집지 않은 전병이로다

주님의 고급제자반 과정

나는 아마존에서 있을 때 아무것도 모르면서 내 자신이 번제가 되고 소제가 되어 주님의 제단에 드려지기를 소원했습니다.

"하나님, 제 자아가 가루가 되어서 하나님께 드려지기를 원합니다. 호세아서에 나오는 뒤집지 않은 전병과 같지 않기를 원합니다. 양쪽 다 구워지는 사람이 되기를 원합니다."

무슨 의미인지도 모르고 이렇게 기도했습니다. 그런데 지나고 보니 그 기도가 응답된 것 같습니다. 무엇을 간구하는 것인지도 모른 채 내 속사람이 그렇게 간절히 주님을 사모했는데 그렇게 된 것 같습니다.

그런데 '뒤집지 않은 전병이 아니라 양쪽 다 구워지는' 즉, 한쪽으로 치우치지 않는 신앙을 갖기란 참 힘든 것 같습니다. 욥과 같은 처절한 고난을 통과한 후에나 비로소 얻게 되는 게 아닌가 합니다.

언젠가 사도행전을 강해하는데 내 자아가 강하게 주님께 반발하는 것을 느꼈습니다. '어? 내 속에 이런 반발심이 있네…' 하는 생각에 충격을 받았습니다. 나의 반발은 초대교회의 많은 성도들이 순교했다는 대목에서였습니다. '하나님을 사랑한 대가가 축복은커녕 죽음이라니 너무한 것 아닌가' 하는 생각이 들었던 것입니다.

그때 나는 내 안의 가인을 발견했습니다. 하나님을 열심으로 섬김으로 성공하고 싶은 야망, 세상의 머리가 되고 싶은 탐욕을 발견한 것입니다. '아 나도 결국 이런 인간이었구나' 하며 고꾸라졌습니다.

그러자 하나님은 '번제가 된다는 것이 무엇인가'를 가르치시기 시작했습니다. 그것은 세상적인 출세나 성공과는 거리가 먼 것이었습니다. 오히려 겨울나무처럼 앙상해져서 자기를 낱낱이 드러내는 것이었습니다. 그리고 하나님은 천국 가는 여정에 이렇게 번제가 되는 것이 필요하다고 가르치셨습니다.

우리가 몸이 좀 성하면 나를 치장하고 내 이름을 내고 사람들의 인정을 받는 일에 우리의 힘과 열정을 쏟습니다. 그리스도와 연합하는 데는 관심이 없습니다. 교회에서 헌신하고 봉사하는 것도 그리스도와 연합하는 일과 상관없는 일일 수 있습니다.

그래서 하나님이 욥과 같은 시련을 겪게 하셔서 우리를 제련시키시는 것입니다. 자기 영광이 아니라 오직 주님의 영광만 추구하며 살게 만드시는 것입니다.

하나님이 아무나 그렇게 번제로 받으시진 않습니다. 성숙하고 준비된 사람이 아니면 죽어 버릴 수 있기 때문입니다. 준비된 사람만이 십자가 제물의 길, 번제로 바쳐지는 길을 가게 하십니다.

그 길은 우리가 자랑하는 재물이나 명성, 지식에 치명타를 입혀서 완전히 고꾸라지게 하는 것입니다. 그렇게 해야 사람한테 인정받기 위한 겉치장이 아니라 하나님이 기뻐하는 속치장에 치중할 수 있습니다. 일명 주님의 '고급제자반 과정'입니다.

하나님의 사람이 가야 할 길

창세기를 보면 하나님은 세상을 한꺼번에 창조하신 것이 아니라 순차에 따라 창조하셨습니다. 이 순서가 우리가 구원에 이르는 과정입니다. 먼저 세상이 흑암과 혼돈 가운데 있었다고 합니다. 주님을 모르는 상태가 곧 흑암과 혼돈 가운데 있는 것입니다.

그러다 하나님은 마지막 일곱째 날에 안식하셨습니다. 우리가 마지막에 도달할 여정이 바로 안식입니다. 그리스도와 연합하여 안식하는 것, 기독교 신앙의 최고 경지입니다. 십자가를 통과한 후에 얻는 부활의 단계이기도 합니다.

그러므로 창세기를 읽을 때 '나의 신앙이 어느 단계까지 왔을까?' 돌아보며 묵상하면 좋겠습니다.

나는 특히 창세기를 읽으며 물속에서 뭍, 즉 땅이 드러난 대목에서 경이로움을 느낍니다.

하나님이 뭍을 땅이라 부르시고 모인 물을 바다라 부르시니 하나
님이 보시기에 좋았더라(창 1:10).

우리의 심령 속에서 물이 물러날 때, 즉 세상을 사랑하는 마음
이 물러가고 뭍이 드러날 때, 주님이 거기에 나무를 심으십니다.
내 마음에서 세상에 대한 사랑과 자기중심적 사고가 씻겨 내려갈
때 주님은 우리 마음에 하나님의 말씀을 심으실 수 있습니다. 그
러니까 내가 세상을 사랑하고 자아를 부정하지 않으면, 하나님의
말씀이 심겨지지 못합니다. 진리의 사람이 되지 못하는 것입니다.

만일 여전히 예수 믿고 복 받고자 한다면 예수 믿지 말아야 합
니다. 바알을 숭배하면서 교회에 다니는 것과 같기 때문입니다.
교회는 세상 오복을 받는 장소가 아닙니다. 문제를 해결 받기 위
해서라면 교회에 오지 마십시오. 평생 그렇게 신앙생활 하는 것
은 배도입니다. 크리스천이 아닙니다. 아버지 집에 있지만 아직
에서인 것입니다.

에서는 먹을 것 앞에서는 하나님도, 장자의 권세도 관심이 없
었습니다. 예수님은 알고 싶지 않으면서 응답 받는 것만 관심을
가진다면 그가 바로 에서입니다. 주님의 교회와 상관없는 사람
입니다. 우리는 이렇듯 예수님을 부인하고 배반하는 자들입니다.
자기 육신을 얼마나 소중하게 여기는지 인생의 목적이 오로지 거

기에 있습니다. 교회는 다니지만 자기를 위해 사는 신자는 구원 받기 어렵습니다.

주님은 목수요, 고난 받은 분이요, 멸시 받은 분이었습니다. 그분을 따르기로 교회에 모인 우리는 예수님이 받은 멸시와 천대를 각오하고 따라나서야 합니다. 목숨이 끊어지더라도 주를 따르겠다는 결단을 해야 합니다.

욥이 당한 시련의 용광로는 우리가 스스로 결단하지 못하니까 하나님이 보내신 불입니다. 맨 정신으로는 목숨을 걸고 십자가를 지기 어려우니까 시련의 용광로를 통과하게 해서 하나님께 집중하도록 하시는 것입니다. 그 수준에 이르러야 비로소 '하나님의 안식'에 도달할 수 있기 때문입니다.

하나님은 준비된 사람은 강권적으로 그 길로 인도하십니다.

삶에 십자가를 계시한 사람들

우리는 처음엔 부활과 안식을 위해 그분과 연합할 수 있도록 우리를 부르셨다는 사실을 인정하지 않습니다. 시련의 용광로가 너무 견디기 힘들어서 "주님, 예수 잘 믿은 대가가 이런 고난입니까?", "나는 이런 고난 싫어요" 하고 반발하는 것입니다.

우리는 정말 죽는 날까지 하는 일이 주님께 반발하는 것밖에는 없는 것 같습니다. 나 역시 용광로에 들어갔을 때 한동안 반발밖에 한 게 없습니다.

만일 나를 보고 '저렇게 힘들게 사느니 차라리 예수 안 믿겠어!' 한다면 빨리 세상으로 나가십시오. 열심히 일해서 노후 대책이나 세우며 사십시오. 하지만 동시에 지옥 대책도 세워야 할 것입니다.

만일 그렇지 않다면 각오를 단단히 하고 신앙생활을 하시기 바랍니다. 하나님은 당신이 좋아하든 싫어하든 그분의 뜻을 따라 당신을 인도하실 것입니다. 이것이 바로 하나님의 극진하고 일방적인 사랑입니다.

우리는 자녀를 아무리 사랑해도 자녀가 내가 주는 귀한 것을 발로 차 버리고 반발하며 거부하면 두어 번 강권하다가 포기해 버립니다. 부모의 극진한 사랑이란 많아야 서너 번 강권하는 것입니다.

하지만 하나님의 사랑은 우리가 아무리 발길질해도 끝까지 용광로로 인도해서 안식에 들게 하십니다. 하나님의 사랑은 어느 것과도 비할 바 없습니다.

시련의 용광로는 욥만 통과한 게 아닙니다. 성경 속 인물들과 믿음의 선조들은 대부분 이 고난의 길, 십자가의 길을 통과했습니다. 우리가 평안하고 건강할 때는 그런 고난이 잘 보이지 않습니다. 그러나 우리가 용광로에 들어가면 그제야 성경에서 '십자가의 도'가 보입니다.

성경 속 인물들이 그랬듯이, 이 용광로를 통과하여 주님의 부활과 연합하면, 그는 통치자의 권세를 갖게 됩니다. 기름 부음 받은 왕, 제사장, 선지자의 권세가 주어지는 것입니다. 하나님은 잠시 잠깐 있다가 사라지는 세상의 권세에는 관심이 없습니다. 오직 이 영원한 권세에만 관심을 가지시므로 우리로 하여금 불의 용광로를 통과하게 하시는 것입니다. 하나님의 이 같은 열심을 믿으시기 바랍니다.

> 여호와 우리 주여 주의 이름이 온 땅에
> 어찌 그리 아름다운지요
> 주의 손가락으로 지으신 주의 하늘과
> 주가 베풀어 주신 달과 별 내가 보니
> 사람이 무엇이관대 주께서 저를 생각하시며
> 인자가 무엇이관대 저를 권고하시나이까
> _ 찬양 '여호와 우리 주여'

나는 항암치료를 받는 중에 이 찬양을 참 많이 불렀습니다. 특별히 '인자가 무엇이관대 주께서 저를 생각하시며'라는 부분에서 목이 메곤 했습니다. '내가 무엇이관대 짐승만도 못한 나를 부르셔서 이토록 사랑하십니까!' 하는 고백이 심장에서부터 나왔습니다. 그래서 '정말 이 복된 암이여!' 하고 감사했습니다.

> 셋도 아들을 낳고 그의 이름을 에노스라 하였으며 그때에 사람들이 비로소 여호와의 이름을 불렀더라(창 4:26).

'여호와의 이름을 불렀다'는 여호와를 예배했다는 뜻입니다. 그런데 회개하지 않으면 여호와를 예배할 수도 그분을 만날 수도 없습니다. 그러므로 셋이 여호와의 이름을 불렀다는 것은 그의 삶 속에 주님의 고난의 영이 계시되었다는 뜻입니다.

아마 셋은 아버지를 통해 아벨을 죽인 가인의 얘기라든가 70명을 죽인 라멕의 얘기를 듣고 하나님께 회개했을 것입니다. 회개하지 않는 사람은 '여호와의 이름을 부를' 수 없습니다.

하나님은 회개하지 않은 사람의 제사는 받지 않으십니다.

노아도 100년이 넘게 사람들의 조롱과 핍박을 받았습니다. 장차 오실 그리스도의 고난의 영에 동참한 것입니다. 그들은 그렇게 십자가와 부활의 신앙 세계로 나아갔습니다.

성경 속 인물들은 이렇듯 그들의 삶을 통해 그리스도의 삶을 계시했습니다. 그러므로 우리는 성경을 읽을 때 오실 예수, 고난 받는 예수, 부활하신 예수를 경험해야 합니다.

우리가 주님을 안다는 것이 무엇일까요? 주님의 고난, 멸시, 천대, 학대, 죽으심을 아는 것입니다. 그리고 이것을 깨달아 알려면 내가 수치당하고 멸시당하고 고꾸라져야 합니다. 그때 주님은 우리를 신부로 신실하게 맞아 주십니다.

문제와 시련이 복이 되는 비결

오늘날 교회에는 십자가의 고난을 싫어하는 가라지가 많습니다. 교회가 교회다워지려면 십자가를 지고 피 흘리는 예수님의 참 제자의 본보기를 보여 줘야 합니다. 그렇지 않으면 성도들이 주님께 돌아오지 않습니다. 그래서 나는 교회의 초빙을 받으면 그 교회 담임목사님에게 "몇 사람이라도 좋으니 참 제자를 만드십시오"라고 권면합니다. 참 제자를 키우지 않는 목회자는 성도들이 문제가 생기면 위로해 주는 역할만 하게 됩니다. 주님은 성도들이 맞닥뜨린 문제들로 십자가를 가르치고 싶은데 목회자는 십자가 얘기는 꺼내지도 못하고 위로만 하는 것입니다. 예수님께 돌아갈 마음도 없는 성도들을 위로하느라 이 땅의 목회자들이 참 많이 바쁘고 지쳐 있습니다.

조금만 수틀리면 교회를 옮기는 사람은 천국에 들어가지 못할지도 모릅니다. 사탄을 쫓아내지 못하고 달고 다니면서 교회에 분란만 일으키기 때문입니다. 목회자는 이런 사람은 책망을 해서라도 그 속에 사탄을 쫓아내도록 해야 합니다.

오늘날 교회도 성도들도 모두 은혜만 좋아합니다. 진리에는 관심도 없고 은혜만 받기를 원합니다. 하지만 우리가 진리와 십자가, 부활을 향해 가지 않으면 결국엔 가라지가 됩니다. 바깥 어두운 데서 이를 갈게 됩니다. 왜 이를 갑니까? 교회에서 충성하고 봉사했는데 주님이 "나는 너를 모른다"고 외면하니까, 천국에도 들어가지 못하니까 억울해서 그런 것입니다.

> 엄히 때리고 외식하는 자가 받는 벌에 처하리니 거기서 슬피 울며 이를 갈리라(마 24:51).

세상 사람들은 억울한 것이 없으니 이를 갈지 않습니다. 그러니까 이를 가는 사람은 하나님의 집 안에 있던 사람입니다.

하나님은 우리를 부르셔서 진리의 사람이 되게 하십니다. 진리의 사람은 날마다 그의 머리 위로 심판이 떨어질 때 "주님, 나 같은 죄인은 맞아도 쌉니다" 하며 심판을 마땅한 것으로 여깁니다.

진리의 사람은 자기를 살피며 회개하는 사람입니다. 진리를 향해 나아가는 사람입니다.

그런데 진리가 무엇입니까? 진리는 바로 예수 그리스도입니다. 진리의 사람이 된다는 것은 예수 그리스도와 연합한다는 의미입니다. 그리스도와 연합하려면 내 속의 거짓된 모든 것이 다 쪼개져서 아주 작살이 나야 합니다. 죽은 자처럼 쪼개어져 제단에 올려질 때 하늘에서 불이 내려 모든 것을 태우므로 주님께서 받으시게 됩니다.

세상을 사랑하고, 욕심과 탐심을 키우는 모든 것이 환난을 통해 가루가 되어야 합니다. 하나님이 문제를 주실 때, 내 죄성이 공개되어 그것이 가루가 되도록 하는 것, 그것이 십자가로 가는 신앙인입니다.

하나님이 고통스런 문제를 지겹도록 주시는 것은, 내 속의 것이 탄로 나서 회개하게 하시려는 것입니다. 진실하게 회개하는 그 순간 내 마음에 있던 가나안의 일곱 족속이 하나씩 빠져나가게 됩니다. 그러므로 문제가 생겼다면 바로 회개하십시오. 회개하지 않으면 절대 그 문제는 해결되지 않습니다. 회개하고 돌이키면, 수십 년 묵은 감옥의 문이 열려서 자유의 몸이 됩니다. 문제와 사건이 오히려 내게 열린 문이요, 축복인 것입니다.